公司基本面分析实务

——把握能把握的机会

中能兴业 著

地震出版社

图书在版编目(CIP)数据

公司基本面分析实务——把握能把握的机会 / 中能兴业著.
一北京：地震出版社，2012.3(2014.3 重印)
ISBN 978-7-5028-3946-8
Ⅰ. ①公… Ⅱ. ①北… Ⅲ. ①上市公司—证券投资—基本知识—中国
Ⅳ. ①F279.51
中国版本图书馆 CIP 数据核字(2011)第 218405 号

地震版 XM3198

公司基本面分析实务——把握能把握的机会
中能兴业 著
责任编辑：刘素剑
责任校对：孔景宽

出版发行：地震出版社
北京民族学院南路 9 号 邮编：100081
发行部：68423031 68467993 传真：88421706
门市部：68467991 传真：68467991
总编室：68462709 68423029 传真：68455221
证券图书事业部：68426052 68470332
网址：http://www.dzpress.com.cn
经销：全国各地新华书店
印刷：三河市鑫利来印装有限公司

版(印)次：2012 年 3 月第一版 2014 年 3 月第二次印刷
开本：787×1092 1/16
字数：230 千字
印张：13.75
书号：ISBN 978-7-5028-3946-8/F(4615)
定价：35.00 元

本书献给

本杰明•格雷厄姆及其巨著《证券分析》

我人生最成功的事情就是选对了自己心中的英雄，我的灵感都来自于格雷厄姆。

——沃伦·巴菲特

目　录

序——将基本面分析进行到底 …… 1
第一章　基本面价值与基本面投资 …… 1
　第一节　把握能把握的机会 …… 3
　第二节　艰苦的行程 …… 11
　第三节　财务模型的重要性 …… 19
第二章　现金为王 …… 25
　第一节　价值就是自由的现金 …… 27
　第二节　再投资风险 …… 41
　第三节　现金流异化 …… 50
第三章　重视资产负债表 …… 61
　第一节　先有资产才有利润 …… 63
　第二节　掺水与缩水 …… 74
　第三节　杠杆的秘密 …… 85
第四章　探寻持续盈利能力 …… 101
　第一节　持续的才是重要的 …… 103
　第二节　一切从回报率开始 …… 114
　第三节　增长率幻觉 …… 124
第五章　警惕指标变异 …… 139
　第一节　真实收益 …… 141
　第二节　会计玄机 …… 153
　第三节　财务比率失真 …… 162
第六章　估值方法万变不离其宗 …… 177
　第一节　不同的形式相同的本质 …… 179
　第二节　行业粗算估值法 …… 189
　第三节　常见估值方法误用 …… 202
案例索引 …… 214
参考书目 …… 217

序
——将基本面分析进行到底

在我看来，晦涩难懂的公式、计算机程序或者股票和市场的价格行为闪现出的信号，不会导致投资成功。相反，通过把良好的企业判断，与将他的思想和行为同旋绕在市场中的极易传染的情绪隔绝开来的能力相结合，一个投资者却可以取得成功。

——《巴菲特致股东的信》第二章 公司财务与投资

投资天生就是一个成者为王败者为寇的行当，而当掺杂进时间因素后，即便是成败都很难判断。是随波逐流的趋势投资，还是坚定的秉承基本面投资的原则，这在很大程度上已经超越了逻辑上的严密推理，进而成为一种价值取向。很多人投资的潜在假设是自己总比别人聪明，因为只有这样才能在这个零和游戏中有所作为。虽然并不觉得在智商上矮人一头，但我们仍然不敢以此为立命之本。

更重要的是，如果将所有的投资者看成一个整体，资本市场上的投资和实业界的投资并没有多大区别，只有被投资的企业创造了财富，股东的财富才有可能增加，否则只可能是投资者之间的财富分配而已。因此只有关注企业价值，关注企业价值创造的过程，进而投资于那些真正创造价值的企业，才能真正实现社会财富的积累和投资价值的实现。以基本面为基础的投资分析，不仅是我们相信的对于那些没有内幕消息也无力操纵市场的人来说，能够也是唯一能够长期持续赚取收益的投资方式，同时更是中能兴业公司的价值观，是我们这个公司存在的终极意义。

公司的第一本专著《价值评估方法与技术》是在 2006 年出版的。该书主要定位为专业投资分析人员的入门教材，侧重于各种基本估值方法的介绍，除了全部基于国内会计准则外，对于各种方法在 A 股市场上的具体运用等实践问题都少有论述。5 年前的中能兴业公司还不具备讨论上述问题的认识和能力。现在又有 5 年的时间过去了，对于我们来说，这又是一个研发驱动的 5

年，期间发表的各类公司价值分析类文章已经超过了100篇，本书便是对这5年研究成果的阶段性总结。

不过即便如此，将这些成果总结为一本《公司基本面分析实务》的专著还是让我们倍感压力。这种压力并不是来自书店里汗牛充栋的投资类书籍的挑战，此类书籍中既有真知灼见又有实践指导意义的实在是少之又少，压力更多地源于对我们自身能力的认知。上述100篇文章的绝大部分内容都还主要停留在基本面分析方法的具体运用细节上，尤其是财务细节上，这些都还不足以直接指导投资实践。其中还有一个重要环节没有解决，那就是这些方法与现实中各个行业及企业具体特征的紧密结合，即以这些方法为指导的各个行业及企业的具体分析逻辑。该环节是投资分析中的最后一击，也是基本面投资者真正施展拳脚的舞台。这一环节将是中能兴业公司下一个5年的核心研发重点。

但我们还是鼓足勇气将本书出版，一方面并不能因为最后一跳的不具备而否定第二跳的价值，对于基本面投资者来说，本书的内容应该已经能够提供一些帮助，至少是能提供一些抛砖引玉的作用。而且，虽然无法涉及本书所讨论范畴内的所有细节，但本书基本上系统地整理了基本面投资方法的共性问题，而有关具体行业和公司的个性问题则更需要投资者自身的努力。另一方面，我们也要在这个浮躁的市场上呐喊两声，为那些仍然，或许任何时候都将是小众的基本面投资者助威鼓气，同时也为基本面投资正名。

在2003年中能兴业公司以探寻企业内在价值为宗旨而成立时，价值投资一词当时还很少被人提及。时过境迁，如今满天飞的都是价值投资。为了能和这个广泛流行但又被普遍曲解的概念有所区别，我们使用“基本面投资”一词，即以企业基本面所彰显的内在价值为依据的投资行为。在这种投资方式下，基本面不是电视股评中一次趋势分析的参考因素，更不是一个忽悠的噱头，而是最重要的，同时也是唯一重要的投资判断依据。

这种投资方式的大师毫无疑问当属巴菲特。生活在一个有榜样的时代无疑是幸福的，所有的基本面投资者都应该为此而感到庆幸，也正是他将许多人引领上了价值投资的道路，他对投资理念的阐释也被奉为基本面投资的经典。但遗憾的是，巴菲特留给我们的多为高度抽象的理念。一方面这些理念并不能直接指导具体的投资行为；另一方面这些理念也常常被误解和滥用。什么是优秀的企业，什么是合理的价格，在很多人脑子里其实有着截然不同的概念和标准。投资对于巴菲特而言已经达到了出神入化的艺术境界。但对于任何一个理智的基本面投资者来说，在想学会飞之前最好先学会走，否则只可能生活在自己臆想的价值投资的海市蜃楼之中。那些将巴菲特的投资哲学演绎成无数教条、张口闭口价值投资的很多人，实际上对基本面分析的实践操作没有任何概念。

在我们看来，格雷厄姆的《证券分析》在投资实践方面比起那些叶公好龙式的理念宣讲要现实无数倍，也有用无数倍。先格雷厄姆而后巴菲特才是基本面投资道路的不二法则。这本在70多年前诞生的巨著仍不失为当今基本面投资者的入门教材。一方面，《证券分析》的很多结论，甚至是对会计记录的分析细节，当前仍然具有现实意义；另一方面，也是更重要的，《证券分析》告诉我们，投资是一项踏踏实实的，以严密逻辑分析为基础的工作。巴菲特的理念如果缺失了这样的基础，那就成了无本之木、空中楼阁。本书无论从研究还是实践的深度上都无法望《证券分析》之项背，但我们希望它能成为《证券分析》的核心思想与A股市场当前实际的部分结合，从而为A股市场中的基本面投资者熟悉基本面分析方法提供有益的帮助。

对于专注于基本面分析的投资者来说最痛苦的事情莫过于两类：第一类是没有基本面的相关信息，所谓巧妇难为无米之炊；第二类是虽有基本面分析的相关信息，但这些信息杂乱地散落在为数庞杂的垃圾信息中，需要消耗大量的时间和精力加以挑拣和规整，才能得出有效判断。在这方面我们也在继续努力。从2003年公司成立之时ValueTool基本面分析平台的开发工作就已经展开。当前以上市公司历史财务数据为基础、以基本面分析和估值为核心功能的《ValueTool A股上市公司数据手册(电子版)》已经正式上线并向用户开放。以公司经营指标及相关分析为核心的新一代ValueTool基本面分析平台正在不断完善中，我们相信这些都能成为基本面分析的一柄利器。

在本书的出版之际特别感谢瑞银证券研究主管黄燕铭先生在这些年中给予我们无私的帮助，感谢万家基金研究总监高上先生、民族证券研究所所长武赠祥先生、东海证券研究所所长朱戎先生等给予我们的宝贵信任，以及广大的基本面投资者通过电话、邮件等方式给予我们的巨大支持。感谢《证券市场周刊》常务副主编高翔先生对本书出版提供的帮助，如果不是他力促我们在《证券市场周刊》开设基本面分析专栏，也就不会有本书的绝大部分内容。

基本面分析是艰苦的。但实在不知道这个世界上是否存在不经过艰苦努力就能获得巨大成功的事情。艰苦至少还是可以克服的，只要目标是现实的，道路是正确的，艰苦点儿又有什么可惧怕的呢？如果真的轻而易举反而很不正常。就让艰苦成为动力——让我们把基本面分析进行到底。

对于本书的读者，我们假定你已经对财务以及估值方法的基础知识有所了解，这些方面的基础性内容我们将不再做过多阐述。因此对于初入此道的新手，请先补充相关的基础知识。本书的部分案例及数据分析时间较为靠前，由于本书的目的更在于梳理逻辑，且精力有限，因此上述案例及数据都未进行补充更新，请读者见谅。

北京中能兴业投资咨询有限公司业务总监 郑伟征

2011 年 6 月

第一章

基本面价值与基本面投资

在投资的时候，我们把自己看成是企业分析师，而不是市场分析师，也不是宏观经济分析师，更不是证券分析师……最终，我们的经济命运将取决于我们拥有的企业的经济命运，无论我们的所有权是部分的还是全部的。

——《巴菲特致股东的信》第二章 公司财务与投资

第一节 把握能把握的机会

有讽刺意味的是，当“愚笨的”钱认识到其局限性时，就变得聪明了。

——《巴菲特致股东的信》第二章 公司财务与投资

当人们在股票市场进行投资时，极为方便的流动性容易使人产生幻觉，即投资的本质就是“低价买入和高价卖出”。从股价那诱惑性的波动来看，似乎每一个低点到高点的距离都意味着丰厚的收益。于是人们每天都乐此不疲地打探可能影响这些波动的各种原因，以试图抓住每一个机会。

但低买高卖只是表象或者说结果，问题的关键在于如何实现低买高卖。事实上这些机会中的绝大部分都只能从事后来判断，作为众多不同类型投资者参与的综合结果，股票的绝大部分波动都很难找到确切的原因。虽然每次股价震荡后都有所谓的专家阐明原因，或曰周边市场、或曰宏观经济、或曰流动性、或曰基本面，但这些专家们从来没有在事前做出过精准判断。对于这个兼具狂躁症和抑郁症特点的资本市场，至少从现有的历史记录来看，还没有人能通过什么手段摸透其情绪的变化。因此在这个猜测趋势的博傻游戏中，谁也没有真正高人一筹的智慧，真正持续赚取高额回报的，或许只有那些获得内幕消息的人，以不正当的方式操纵股价的人，以及那些以建议别人投资为生的人。

在我们看来，判断股票的所有波动或者绝大部分波动是一个不可能完成的任务。但这些波动中的一小类却可以通过审慎的分析被把握。那就是股票的价格必然会逐渐趋向于其内在价值，即其作为一项生意而拥有的价值。这种把握实际上并不是对波动的把握，而本质上是对企业作为生意而拥有的内在价值的把握。基本面投资只是以这一价值为基准进行投资，然后静待上述波动的来临。因此，把握波动的诀窍恰恰在于忘记波动，并抵制市场波动所带来的巨大诱惑，从实业投资的角度来对待股票投资。正如巴菲特所说，对于市场先生：

> 你会发现他的钱袋而不是他的智慧用处更大。如果某一天他表现得愚蠢至极，那么你可以随意忽略他或者利用他，但如果你受到他的影响，那就会大难临头。实际上，如果你不能确定你远比市场先生更了解而且更能估价你的企业，那么你就不能参加这场游戏，就像他们在打牌时说的那样，“如果你不能玩上 30 分钟，而不知道谁是替死鬼，那么你就是替死鬼。”
>
> ——《巴菲特致股东的信》第二章 公司财务与投资

基本面价值是可以把握的

由于基本面价值是指企业作为一项投资本身而具有的价值，这是由企业未来创造收益的能力所决定。因此当我们将目标锁定在基本面价值的时候，我们的研究对象必然是企业，而不是股票。这一视角的转变使投资分析所关注的范围大大缩小，除了影响企业未来实际运营的重要因素外，其他所有对股票价格波动产生作用的因素都被排除在分析之外。

同时更为重要的是，企业作为一项生意，它是可以被理解的，无法被任何人理解的生意也不可能在现实中存在。这种理解包括这项生意赚取收益的逻辑、生意的运营方式，以及影响这些生意的重要因素等。所有这些内容都是在人们的常识以及知识范围以内的。同时，从这个世界上出现企业开始，人们对企业的分析活动就从没有停止过，大量的实践以及从这些实践中所总结和提炼出的各种方法已经相当丰富和完备，并指导人们对企业内在价值进行合理的评估和判断。正是由于将证券分析限制在一个可以被理解的较小范围以内，才使得投资者对公司基本面价值的把握成为可能。

案例：万科(000002)的基本面投资分析

2008 年底，万科的股价收盘于 6.5 元 / 股，其年度最低收盘价曾经达到

5.16元/股。股价正经历着股票市场情绪变化和房地产市场宏观调控的双重压力，按照6.5元/股的年度收盘价计算，公司的股票市值约为709亿元，加上公司的全部负债800亿元，公司全部资产的总市值约为1510亿元。仔细阅读万科的年报，2008年底万科已获取的规划中项目建筑面积为2281万平方米，此时公司还拥有近200亿现金，这样的资产对应这样的市值意味着每平米建筑面积对应的价格为5759元/平米。如果我们对中国的房地产市场不至于过度悲观，就可以明确判断此时股价已经较公司内在价值明显低估，因为即便是万科的清算价值也不至如此。更何况这是一家有着良好的公司治理记录的中国房地产行业的绝对龙头企业。

事实上，万科的股价在日后的两年间始终高于这一水平，其最高收盘价曾达到14.5元/股。因此用基本面投资的思维很难想象和理解，在2007年8月，有95家机构投资者以31.53元/股参与万科增发，当时股票的市场价格为34.79元/股，以2007年EPS计算相当于50倍PE。而当万科股价跌至5.16元/股，相当于除权前的8.26元/股、上述增发价格的26%时，却无人问津。

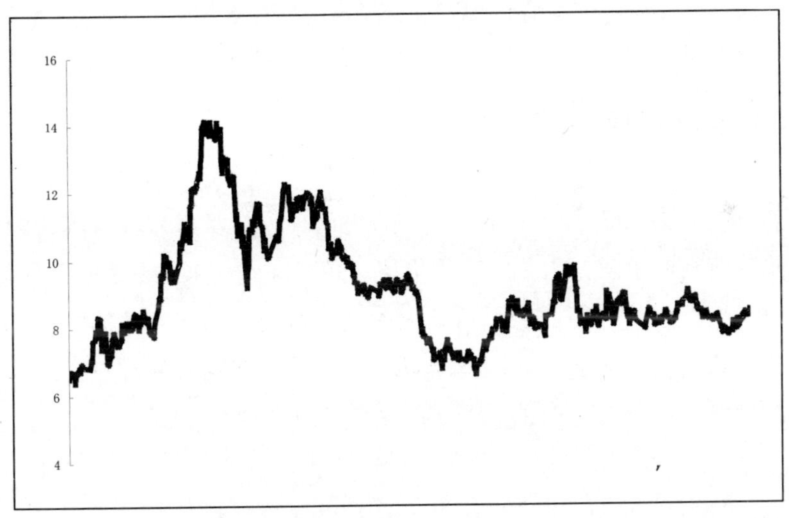

图1-1 2008年年底以来万科股价走势图

（注：为前复权股价）

基本面投资的可把握性带来的重要意义是可积累性。这种积累集中体现于对基本面分析方法的理解和对具体企业及行业的洞察，所有这些都将使投资者越来越容易接近对具体投资标的内在价值的合理判断。如果只是针对某一次投资，积累的重要性并不显著，但如果将投资贯穿一生，并将投资回报而不是赌博式的感官刺激作为终极目标，积累性就是这一目标的最重要保障。这也就不难理解为什么股神巴菲特的自传会以《滚雪球》为名了——“人生就像滚雪球，最重要的是发现很湿的雪和很长的坡。”其中“很长的坡”便是对积累重要性的描述，否则在牛市中获得的所谓巨额利润必将在熊市中丧失殆尽，甚至血本无归。正如格雷厄姆所说：

尽管上一轮牛市和熊市的规模和持续时间都是史无前例的，但是从本质上看，投机者在这一段时期内的经历与在从前的市场周期中的经历并无区别。无论从其他角度来观察，这一段时期显得有多么的特殊，但从投机者的立场来看，华尔街倒是应了那句法国格言“万变不离其宗”。巨大的利润变成惨痛的亏损；新的理论在建立之后又被推翻；紧随着人们的喜悦而来的却是绝望；所有的一切都与历史上曾发生过的轮回是如此一致。

——《证券分析》导言 近期金融历史对投资者与投机者的意义

基本面投资的范围

当然，基本面投资也不是绝对的和万能的，投资者必须对基本面分析的适用范围有清晰的了解。由于资产的价值总是取决于其未来创造收益的能力，因此影响基本面价值判断的一个重要因素就是对企业未来绩效的预测。而这一方面既是投资的诱人之处，同时也是一项无法完全克服的难题。因此格雷厄姆说：

证券分析面临这样一个问题：证券分析究竟能够在多大程度上预测未来的条件变化……未来的发展大部分是不可预测的，而证券分析的假设前提是：历史记录最起码可以用来粗略地指出未来的发展方向。对这个前提的怀疑越大，那么分析的价值也就越低。

——《证券分析》第一章 证券分析的范围和局限，内在价值的概念在格雷厄姆看来，对于“如何研判一家企业的发展前景”，“鲜有真正有价值的内容可言”，因此在他看来，历史记录是最重要甚至是唯一重要的企业内在价值的判断依据。对于这一点巴菲特已经做出了修正，包括成长性在内的发展前景等因素也被部分地纳入到估值影响之中。但是，无论将何种因素纳入到评估过程之中，它都不应超越人的基本认识和理性判断所能触及的范围，都应基于坚实的事实基础。正如格雷厄姆所说：

分析的含义是指通过对现有可掌握的事实的认真研究，根据经确认的规律和正确的逻辑做出结论，这是一种科学的方法。

——《证券分析》第一章 证券分析的范围和局限，内在价值的概念

必须强调的是，对于真正的基本面投资者来说，投资判断所依据的不仅是单纯意义上的基本面信息，而是那些几乎确凿的基本面要素。投资者对这些要素在未来的发展必须有着明确和稳健的把握。这一点非常重要，这是区分真正基本面投资与貌似基本面投资间的重要区别。当前有很多出自专业投资机构的研究报告，从内容上看，似乎完全是基本面的要素，而且具有完整的财务预测和估值分析，但实际上这些报告中的绩效假设更多的是出自对这些要素未来发展的臆想，而不是基于坚实事实基础下的明确把握。从表面上看，这些报告似乎全部都是基本面分析，但实际上它对基本面投资的参考价值却少之又少。因此，大概率事件是基本面分析中对支撑估值结果有重要影响的基本面因素的基本要求。格雷厄姆之所以强调历史记录的重要性，更多地也是出自这一原因。虽然将企业未来的影响因素更多地纳入投资的思考范围，但“相信可靠的结果”而不是“企盼伟大的结果”仍是巴菲特投资的基本原则。正如巴菲特所说：

作为公民，我必须强调查理和我欢迎变化，新颖的想法，新式的产品，创新的生产流程和类似的东西使我们国家的生活标准得到提高，那肯定是好的。但是，作为投资者，我们对处在发酵过程中的行业的反应，与我们对太

空探索的态度非常相似，我们会努力鼓掌欢呼，但宁愿跳过这种旅行。

——《巴菲特致股东的信》第二章 公司财务与投资

如今，创业板在中国已经创立超过一年，对于其中的绝大部分企业，不能说没有基本面要素及其影响逻辑，但这些要素的未来发展却无法在人们正常的认知范围内给予明确的把握，因此从基本面分析的角度，对这些公司就很难进行合理估值。对于基本面投资者，更明智的做法或许是远离这些公司而寻找更容易理解和把握的企业，而不是将资金投入到无法理解规则的游戏中去。正如彼得•林奇所说：

最后，我注意到，在我的投资生涯中，我持有的高科技公司股票自始至终一直都是赔钱的，对此我一点也不感到意外。

——《战胜华尔街》第六章 麦哲伦基金选股回忆录：晚期

除创业板外，A 股市场上还有不少公司本身就是大股东进行资本腾挪的平台，缺乏持续经营的理念、耐心和能力，公司本身就是一个投机主体。由于资本腾挪，这些公司往往题材和概念丰富，股价变化剧烈，是众多投机者的最爱。但这些公司根本就缺乏基本面分析的价值，真正的基本面投资者，自然需要对其敬而远之。

案例：锦龙股份(000712)的资本腾挪

锦龙股份(000712)在 2002 年之前是一家以牛仔布和自来水为核心业务的上市公司，由于经营不善和行业变化，公司 2002 年的净利润同比下降 47.6%。2002 年 8 月，公司收购同一控制人董事长杨志茂所持有的一家地产公司，从此开始转型房地产开发。

该地产公司的股份转让款为 1.5 亿元，锦龙股份全部以现金支付，同时承担 9000 万元的负债。2003 年该公司唯一地产项目东山锦轩大厦实现销售收入 1.56 亿元，净利润 4463 万元，弥补了传统的纺织和自来水业务双双衰退带来的收入影响，销售收入同比增长 47%。但这些只不过是一个腾挪故事的美丽表象，股东们实际得到的则完全是另一回事。锦龙股份包括股权转让款以及后续投入共 2.6 亿元的房地产投资几乎完全依靠银行借款。而由于只拥有东山锦轩大厦 55%左右的实际权益，因此虽然合并报表中的收入放大了很多，但东山锦轩大厦当年实现的 4463 万元的净利润中归属于上市公司股东的只有 2466 万元。而由于股权转让价格为收购净资产的 10.6 倍，所以在当年形成了 1300 万元的股权投资差额摊销，2.6 亿元的借款即便按照 4%的利率计算也会产生 1043 万元的财务费用。综合下来，该项目在 2003 年真正带给上市公司股东的净利润只有可怜的 122 万元。2004 年与 2003 年基本相当，而 2005 年、2006 年该房地产公司开始亏损，2007 年底该公司的股权以 1 亿元被转让。

从 2003～2008 年，上述腾挪游戏在锦龙股份与上市公司第一、二、三大股东间频繁展开。从锦龙股份涉足房地产的这些年中，为数不多的几个小型地产项目在上市公司和几大股东之间来回转换，上市公司更多地充当各个地产项目的融资平台，而公众股东所得到的除了热闹几乎什么也没有。2008 年锦龙股份又购得东莞证券有限公司 40%的股权，一个新概念的腾挪或许又要开始了。

所以说，基本面分析远不是一门精确的科学。由于谁也没有准确预测未来的能力，尤其是准确预测对基本面价值有影响的所有因素的未来，所以基本面分析的结果往往是一个区间，而不是一个精确的数值。在这一点上人们往往会产生误解。很多人认为在采用数量化模型对企业未来绩效的各种影响因素做出完整假设后，其结果必然是精确的，这是一个很大的误区。数量化分析模型只是工具，工具本身并不能保证结果的合理性，就像 IT 界有一句俗语“垃圾进垃圾出”。工具本身只能对分析起到帮助作用，在一定程度上保证分析过程的完备性，结果的合理性则很大程度上由假设的合理性决定。由于假设的合理性经常是一个范围，因此基本面估值的结果也往往是一个区间，这个区间的大小则与投资者对基本面价值影响因素的确切把握程度相关。不过这并不妨碍基于基本面价值的投资活动。正如格雷厄姆所说：

证券分析的目的并不是要确定某一证券的内在价值到底是多少，而是只需搞清楚其内在价值是否足够……出于这种目的，一个大概的、近似的内在价值数字就足够了。打个比方来说，在日常生活中，要想知道一位女士是否够了选举年龄并不需要打听出她的确切岁数；无须知道一位男士的准确体重，我们也能看出他是不是过于肥胖。

——《证券分析》第一章 证券分析的范围和局限，内在价值的概念

基本面投资的风险

基本面投资的最大风险显然来自于企业现实发展与期初预期之间的距离。抛开当初预测的合理性不谈，这种距离很可能来自企业基本面因素在投资者等待股价向内在价值回归的过程中发生的变化。正如格雷厄姆所说：

这种分析工作有以下两个前提：第一，市场价格经常偏离证券的实际价值；第二，当这种偏离发生时，市场中会出现自我纠正的趋势……上述前提中的第一个无疑是正确的。从理论上看，第二个前提也同样是正确的，但在实际中却往往得不到验证。由于忽略或误解而导致的低估某一证券价值的情况经常会持续一段极长的时间，而过度狂热或人为刺激产生的高估某一证券价值的情况也会经久不退。正是这种拖延给分析家带来了危险，因为在价格向他所发现的价值回归之前，新的决定因素有可能出现而取代旧因素。换句话说，当价格最终体现出价值时，这个价值已经发生变化了。当时用以做出判断的事实和理由都已不再适用。

——《证券分析》第一章 证券分析的范围和局限，内在价值的概念

对于这一点或许只有通过投资中对安全边际的把握来加以部分防范了。这更多地是一种投资纪律或者技巧，超出了本书所要讨论的基本面分析方法的范畴。

第二节 艰苦的行程

成功的投资是简单的，但实现起来并不容易。个股的选择需要大量艰苦的工作、训练和时间的投入(和金钱的投入一样)。希望以很少的付出赚取大量的金钱，就如同希望第一次拿起球杆的人就能打出一轮精彩的高尔夫球赛一样不现实。

——《股市真规则》序言

美国著名的基金评级机构——晨星公司以“挑选好股票是艰难的”作为其出版物《股市真规则》的序言，这在很大程度上似乎与很多投资者的认识相反。在我们周围似乎到处都是精于投资的股神，在他们眼里投资股票根本就轻而易举。也正是这种认识促使很多人不假思索又义无反顾地投入到股票投资的大军中来。但任何一个对自己和现实有理智认识的人都能从常识上判断，那个似乎是唾手可得的成功很可能是海市蜃楼，甚至是一个绚丽的陷阱，让你在不知不觉中充当了巴菲特所说的牌桌上的傻瓜。

一个合格的基本面投资者必须具备三方面的能力，即财务基础、估值方法以及对具体行业和企业的认知。要让其中的任何一个方面达到一定水准都必须付出艰苦的努力。

财务报表是企业经营情况的数据浓缩。会计准则也在不断地改进以适应企业的变化。从复式记账的发明，到资产负债表和损益表，这是格雷厄姆时代投资分析的基础报表，之后又逐渐形成现金流量表等。无论从初衷上还是结果上，财务报告体系都已经成为投资者系统化了解企业的最重要信息来源。要能对这些信息进行有效利用，投资者就必须具备相关的财务基础知识，包括具体的财务科目、财务比率以及财务报表间的相关关系等，这些都是对企业进行系统化分析的起点。正如巴菲特所说：

会计数字当然是商业语言，而且为任何评估企业价值并跟踪其进步的人提供了巨大的帮助。没有这些数字，查理和我就会迷失方向：对我们来说，它们总是评估自己的企业和他人企业的起点。

——《巴菲特致股东的信》第六章 会计与估值

缺乏对财务知识的了解显然无法完成基本面分析与投资，但完全停留于财务数据本身也同样无法实现上述目标。这其中的原因有两点：第一，在于财务数据仅仅是基于一定原则下的对企业经营活动的记录，记录结果的合理性必须经过深入的思考和检验。实际上，财务报表数据对企业真实经营活动的扭曲，甚至是人为的粉饰和篡改并不鲜见。所以，仅仅基于财务数据做出投资决策非常危险。格雷厄姆在《证券分析》中的很大篇幅，以及《巴菲特致股东的信》的第六章“会计与估值”部分都重点强调了这类问题。第二，会计记录的目的是反映企业当年的经营情况，而投资的价值则由其存续期间的所有未来收益决定，因此会计记录仅仅是理解或者估计该投资价值的必要基础。结合财务预测，并最终形成对企业现有价值的判断则要基于一系列的价值评估方法。因此，估值方法成为基本面分析人员所必备的第二项基础知识。

对企业价值进行估计的方法很多，如PE(市盈率)、EV/EBITDA(企业价值倍数)、现金流贴现法等。各种估值方法背后实际上都隐含着对企业价值的判断逻辑以及对各类核心影响因素的基础假设，因而也就各有其适用范围和优缺点。现实中各种对估值方法的常见误解和误用，绝大部分都缘于对估值方法的肤浅理解。因此要让各种估值方法真正成为基本面投资者探寻企业内在价值的利器，就必须对各类方法背后的逻辑有深入的认识。否则方法本身就只能起到遮羞布的作用，让分析貌似专业，而对判断企业的真实内在价值则作用甚微。

本书的绝大部分内容都将与上述两个方面的基础能力相关，力图对上述两个方面的核心及疑难问题进行解析，并以A股上市公司的实践案例为基础，探寻基本面分析知识与A股投资实践的具体结合。

但整体而言，上述两方面的能力都是工具型的。就像医生所使用的CT机，如果医生对病理本身没有任何认识，那么再先进的CT机对他来说也不能解决任何问题。因此除运用基本面分析工具的能力外，基本面分析与投资最核心也是最关键的当然就是对投资对象，即具体行业及企业基本面的认识和理解。

无论是财务报表、财务比例，还是各种估值方法，其功能都类似于交通工具，企业的内在价值则是目的地，对企业及其所在行业经营逻辑的理解和认识则类似于地图。如果缺乏具体行业和企业的深入认识，就无法理解数据所代表的真正经济内涵，进而也无法对其合理性做出判断。所以，前两种能力我们可以称其为技术性的，而最后一种能力则是根本性的。

这里所说的对基本面的认识,决不仅仅局限于对公司核心产品和主要成本的一知半解，这是当前很多专业机构所谓的基本面估值的全部内容。对基本面的认识，是指对影响企业价值的核心驱动要素的未来变化的把握和判断，在这一方面没有任何捷径可以穿越，必须依靠踏踏实实的积累才有可能触摸到企业作为一项生意而具有的本质特征。如果说财务知识和估值方法还具有一般性和普遍适用性，那么基本面在不同的行业和企业间则具有显著差异，这也是基本面投资的最大特点和最大难点。正如巴菲特所说：

你不必成为每一家公司，或者许多公司的专家，你只需要能够对在能力范围内的公司估价。范围的大小并不十分重要，但是，了解它的边界必不可少。

——《巴菲特致股东的信》第二章 公司财务与投资

所有上述三个方面的能力都必须通过持续的学习才能逐渐获得，这首先包括阅读公司年报。很多分析员甚至连公司年报都没有通读过，这样的人做出来的 EPS 和 PE 预测不知道能有什么意义。在我们看来，读年报是学习财务知识的最佳方法。在公司年报中，财务数据与企业实际经营活动直接相关，这更有利于从投资的角度去理解财务信息，比抱着 CPA 课本死记硬背会计记录方式要有效的多。阅读年报并对财务数据进行系统整理和分析是理解企业基本面的核心手段。正如格雷厄姆所说：

如果你对一家公司当前的财务状况和过去的收益记录数据了如指掌，你就更有资格和能力准确地评判该公司的未来价值。这就是证券分析的精髓和意义所在。

——《上市公司财务报表解读》(格雷厄姆) 序言

总之，对基本面投资者来说，大量的时间必须用来阅读和研究企业经营的相关信息，以不断完善自己上述三个方面的能力。吉姆•罗杰斯在《财富》杂志上关于对一生中“我得到过的最佳建议”的总结，的确应该成为所有基本面投资分析人员的准则。

我是在一次乘飞机时得到了我一生中的最佳建议，那还是我刚刚进入华尔街的时候。我乘飞机去芝加哥，旁边是一个年纪比我大的人，总之，在我的记忆里他的年龄不小，也就是说他可能已经 40 岁了。他告诉我要阅读一切，他说，如果你对一家公司感兴趣，那就看看它的年报，你的能力就会超过华尔街 98%的人。如果你阅读了年报中的脚注，你的能力就会超过华尔街的所有人。我立即意识到，如果我认真阅读公司年报和注释——或者再认真一些，阅读两三年的公司报告——我就会比其他人了解更多内容。专业投资人总会给人留下深刻印象。大家好像都认为我很聪明。后来我意识到，我必须更加努力。我知道，我必须阅读我投资的公司的年报及其竞争对手的年报、行业杂志，以及所有我可以得到的东西。但是我也发现，大部分人甚至不耐烦去做基本的准备工作。而且，如果我付出更多努力，那么我就能遥遥领先，甚至有可能找到成功的投资。

——吉姆·罗杰斯《财富》2009 年 9 月期

巴菲特也是将大量的时间用于阅读年报及各种相关资料上。但 A 股市场上的基本面投资者却不得不面对这样一种窘境，他们不仅在绝大多数情况下非常孤独，而比孤独更难以忍受的是在基本面信息上的无助。

案例：华能国际(600011)三地信息披露差异

2010 年 3 月 24 日 A 股市场上最大的发电类公司华能国际(600011)发布 2009 年 A 股年度报告，同时发布的还有《华能国际信息披露管理办法》。在该办法中信息被定义为“公司运营中所有可能影响投资者决策或对公司证券及其衍生品种的交易价格产生较大影响的信息，以及适用法律和公司股份上市地证券监管规则要求披露的其他信息”。同时规定公司董事长为信息披露事务的第一责任人，其他相关的专门负责人及机构包括董事会秘书、信息披露委员会、信息披露小组等。办法中同时对信息披露的内容、管理、程序做出了详细规定。但所有这些并没有改变其 A 股年报一贯的乏善可陈。

从投资分析的角度讲，发电类企业的分析逻辑比较简单。其核心价值驱动因素主要有：机组的装机容量、利用小时、发电量、煤耗、电价、煤价以及未来的资本支出计划等。同时机组的类型也很重要，因为燃煤、燃油以及风力、水力发电机组的成本结构有很大差异。在华能国际的 A 股年报中，上述指标中仅披露了全公司口径的可控装机容量、权益装机容量和发电量，其他重要的经济运营参数则无法获得。

由于华能国际在 1994 年发行 ADR(纽交所代码 HNP)，1998 年 H 股上市(代码 902)，因此除 A 股年报外，华能国际还必须披露 H 股年报以及按照纽交所 20F 格式披露英文年报。有趣的是，在华能国际的上述两类年度报告中，经济运营参数的披露状况却得到了很大改观，三类年报间的披露差异见表(表 1-1)。

表 1-1 华能国际 1994 年三类年报对比

指标	A 股	H 股	20F
可控装机容量	总量	按电厂	按电厂
权益装机容量	总量	总量	按电厂
发电量	总量	按电厂	按电厂
平均燃煤成本	无	平均	按电厂
结算电价	无	按电厂	按电厂
利用小时	无	总	按电厂
人工成本	无	总	总
燃料成本	无	总	总

除表 1-1 的差异外，同样是披露结算电价信息，H 股年报中披露的内容包括：结算电价的本年数、上年数以及变化幅度，而 20F 年报中则披露了包括 5 年的历史结算电价数据以及对未来一年结算电价的估计数据。在 20F 年报中，更是清晰的列示了所有机组的所在地、装机容量、投产年份、燃料类型、权益比例，对于每一个电厂，在 20F 年报中都详尽说明了其煤炭的来源、运输路径、采购模式、平均价格以及库存水平。而在 A、H 股年报中则没有相关信息。

凭心而论，华能国际的信息披露质量在 A 股上市公司中仍属上游，各个电厂的重大项目投产、电价调整、发电量都会以公告的形式及时披露。而在很多公司的年报以及公告中甚至根本就找不到核心经济指标的任何信息，例如几乎在 A 股所有的百货类公司年报中都不披露经营面积。而在万通地产(600246)的年报中也难寻土地储备等地产核心指标的踪迹。

同时 A 股市场上还总是不乏乐于多元化的杂家。它们或者热衷于同时拥有多种毫不相干的业务，或者不断在各种不同的业务之间进行转换，或者两个特点皆而有之。不考虑多元化本身的经营成效，A 股上市公司的普遍多元化都导致信息披露质量问题更为突出，对于这些公司基本面的合理分析因此也面临更大的障碍。

案例：2002～2007 年累计涉及行业杂家冠军——金果实业(000722)

根据 ValueTool 公司绩效数据库行业演进数据，以占公司销售收入总额 10%以上作为业务板块的筛选标准，在 1346 家 A 股非金融类上市公司中，金果实业(000722)获得 2002～2007 年累计涉及行业杂家冠军，同时也是 2007 年行业杂家总排名第二。

公司实际控制人为湖南省国资委，依然按照上述行业筛选标准，该公司 2002～2007 年 6 年间涉及的行业共有 7 类，包括 CRT 显示器产业、橘子罐头、小水电站、商贸、电缆加工、天然气以及餐饮娱乐业等。这里还没有包括低于 10%标准的房地产和运输业。电缆加工、燃气、餐饮娱乐业在这家公司都属于昙花一现，在频繁的与大股东的腾挪中快进快出，在上市公司中的存续时间基本都在 3 年左右。行业的庞杂本来就为估值分析设置了巨大的障碍，而这种主营业务的快速变化更使得公司历史财务绩效的比较丧失了意义，想要通过年报对公司做一个比较清晰的认识基本无望。由于业绩下滑，2008年公司变更为ST金果。

实际上，A股公司的盲目多元化几乎是一种普遍现象，房地产投资就是一个非常明显的例证。

案例：A股涉房公司约1/5

根据ValueTool公司绩效数据库，A股1383家非金融类上市公司中，从2002~2007年共有256家公司涉及房地产业务。换句话说，几乎每5家公司中就会有一家公司曾经或者正在从事房地产业务，这些公司自身的主营业务几乎涉及所有行业。按比重来看，在当年的涉房公司中，房地产为公司第一大业务的约在40%左右，这些公司的房地产销售收入占所有公司房地产销售收入的70.80%。但所有涉房公司中仅有23%左右的公司房地产业务收入占公司总销售收入的比例高于80%(表1-2)。

表1-2 A股涉房公司统计

	2002	2003	2004	2005	2006	2007
全体涉房公司数	135	167	177	181	208	218
房地产销售收入(亿元)	378	457	631	706	990	1,664
第一大业务非房地产的涉房公司数	85	111	113	114	135	128
占比	63%	66%	64%	63%	65%	59%
房地产销售收入(亿元)	100	140	163	176	235	331
占比	26%	31%	26%	25%	24%	20%
房地产销售收入增长率		41%	16%	8%	33%	41%
房地产业务/总收入高于80%以上的公司数	29	33	42	42	46	51
占比	21%	20%	24%	23%	22%	23%

许多公司或者是受到行业膨胀期高回报的诱惑，或者自身拥有一些可开发用地，或者与地方政府的关系可以创造拿地优惠，或是希望短期内为公司注入若干时髦概念等等，总之出于短期动因进入房地产业，往往缺乏对房地

产业的深入认识和长远计划，加上房地产业巨大的资金需求和明显的周期波动，决定了上述公司中的很多房地产业务必将是昙花一现。根据 ValueTool 公司绩效数据库显示，2002～2006 年间拥有房地产业务收入，而 2007 年为 0 的 A 股公司共有 38 家，其中包括部分原房地产公司被其他行业公司重组，以及仍有房地产业务但 2007 年没有销售收入的情况。

如果考虑到为数众多但份额较少的零星业务，以及数量庞杂、种类繁多的长期股权投资，很多 A 股公司的业务要比看上去复杂的多，但这些杂家们所披露的信息却一点不比别人更多。所有这些都使 A 股市场上的基本面投资者面临巨大障碍，使得本来就艰苦的行程变得更为艰难。

必须具备坚实的能力基础，但却很可能巧妇难为无米之炊，因此也不难理解为什么市场上的基本面投资者少之又少。但无论如何，基本面投资并非没有空间，对于希望以持续稳健的投资获得合理回报的投资者来说，行程的艰苦依然会物有所值。

第三节 财务模型的重要性

最糟糕的事情就是模型和电子表单。比如说所罗门兄弟，他们拥有所有这样的模型，但是，你知道，结果他们倒闭了。

——沃伦·巴菲特《财富》2008 年 6 月期

当有着 85 年历史的贝尔斯登轰然倒下时，面对《财富》杂志的记者，巴菲特提到了“糟糕的模型”。紧接着美国第三大和第四大投资银行美林和雷曼也纷纷倒下，它们同样拥有那些“糟糕的模型”。在国内，财务模型即便是在专业投资分析人员中的应用也非常有限，而绝大多数所谓的模型分析只不过是一张损益表的预测。实际上，在国内当前的投资氛围中，财务模型在很多时候充其量只是起到一种粉饰作用，只是让三张财务报表看上去相对完整，让研究报告看上去更为专业。在这种境况下强调财务模型的重要性或许真的有点不合时宜。但从我们的认识和经验来看，如果没有财务模型工具，以及缺乏对财务模型工具的深入认识和熟练应用，探寻企业内在价值的工作就会变得非常困难。

这里所说的财务模型是将企业的各种信息以价值创造为主线，进行分类、整理、链接，实现对企业财务绩效的分析、预测和评估等功能。基本的财务模型一般由三个主要部分组成：首先是对企业历史经营绩效的全面分析，了解影响企业历史绩效的各类因素、影响方式和影响程度，企业历史绩效的横向、纵向比较等；其次是依据企业特定战略和发展规划对企业未来的绩效进行预测；最后按照企业的未来绩效和各类估值参数对企业的当前价值做出判断。

更简单地讲，财务模型就是对企业各类数据以及数据间逻辑的系统性梳理。它本质上是基本面分析和投资所必须具备的三种能力，即财务知识、估值方法以及企业和行业认识的施展平台。没有这个平台，上述三种能力的发挥将受到极大的限制。因为现代经济中的企业，其复杂程度已经远远超越了可以用直觉进行判断的水平。列举任何一家上市公司，其资产规模、资产类别、产品结构、费用构成、影响因素都不可能简单到一目了然的程度。要对各方面数据进行综合处理，从而完成对企业的分析和评价必须通过财务模型工具来实现。

财务模型的首要特点是系统性。在财务模型下企业的任何变化都会被放置于企业的整体中全面看待。例如，财务模型不仅可以体现出企业发展规划和重大决策的利润影响，还将全面体现其资产影响，以及对各种财务指标和最终的价值影响。这种整体性对于财务预测必不可少。完整的财务模型是检验预测合理性的唯一途径，它将显示所有武断或片面财务预测的所有漏洞。在财务模型中，企业是一个完整的系统，而不再是分割的报表或者指标。

此外财务模型工具的灵活性使得适应各种企业的不同特点成为可能。例如在分析中对不同的企业可以按照其特有的业务单元、区域划分、产品结构等标准对财务模型进行分解，从而有助于对企业价值创造机制的深入剖析。同时通过财务模型，还可以很方便地了解不同参数、情景对企业的全面影响，从而可以对企业内部及外界环境的重大变动做出及时调整，也是企业决策的有效辅助工具。当然，财务模型还有其与生俱来的数量化优势，企业的历史、未来、价值都不再是模糊的概念，而是表现为精确的数据。因此以 EXCEL 或财务模型软件为基本载体，综合了绩效预测、财务指标、报表勾稽关系、估值方法等内容的财务模型，已经成为专业投资分析人员的必备工具，财务模型能力也成为评价投资分析水平的重要指标。

逻辑是财务模型的灵魂

随着国内机构投资者的发展，公司及行业基本面趋势、三张财务报表完整预测、基于上述两者的公司估值，这已经成为各类研究报告的经典范式，也从侧面彰显了数量化基本面分析的主流化趋势。但二者并不能被简单地等同，就像麦道夫和巴菲特，从历史收益记录本身很难判断谁是骗子谁是大师。同样的形式下或许是数量化基本面分析的严谨结论，也可能仅仅是数字化基本面资料的简单堆砌。逻辑性就是造成上述差异的关键。

所谓逻辑，体现为公司分析中一系列具体科目和指标间的相互关系。无论是出自财务报表还是基于行业特征，这些基本分析元素都具有明确的经济内涵，代表着企业某一个方面的信息或者特征。任何一个要素都不会孤立存在，它一方面是其他一些因素的原因，另一方面又同时是其他一些因素的结果。企业便是一个这些要素交互影响所构成的整体，对企业的理解便是对其中各种因素及其内部关系的认识，这同时也构成了公司分析的基本逻辑。

一般说来，公司分析可以简单地分为两个阶段，即历史数据分析阶段和未来绩效预测阶段。其中历史数据分析的本质就是通过企业已有的经营记录把握其内在的运营逻辑；而对未来绩效的预测则是在既定客观环境和企业行为的背景下对上述逻辑的应用。没有这个逻辑，对历史数据的分析就会丧失意义，对未来绩效的预测也将失去根基。

事实上，只要是分析就会隐含着一定的逻辑，完全没有逻辑的数据汇总也十分罕见。但如果这种逻辑与企业真实的运营逻辑严重背离，一方面它的本质仍然是资料堆积，另一方面它比形式上的资料堆积更具有欺骗性，因而也更具有危害性。其中最典型的代表或许当属当前甚为流行的百分比预测模式了。在该模式下，首先是对行业和企业的基本面资料的堆砌性描述。例如需求如何旺盛、行业产能如何有限、企业未来发展规划如何宏大等等，然后直接落脚为企业销售收入增长率假设，在此基础上，其他所有的损益表科目均按照上一年度占销售收入的百分比进行测算，同时销售收入的增长率将完全克隆至总资产，依据总资产的增长速度以及资产负债表各项在历史年度与总资产的比例确定资产负债表各项的具体数额。从结果来看，如此预测出的资产负债表和损益表与历史数据具有良好的一贯性，给人一种流畅和均匀的美好感觉。但这种感觉只是一种凭臆想搭建的空中楼阁，对于判断企业的内在价值毫无意义。

合理的分析逻辑必须具备几个特征，其中的重中之重就在于它必须是企业真实运营逻辑的反映。在上述逻辑中，如果说毛利率、单位销售收入所需要发生的管理费用、销售费用、所得税若比较稳定还具有一定的合理性，那么投资收益、财务费用，甚至公允价值变动、营业外支出与销售收入的关系则完全没有任何现实的根基，它们分别由企业的投资活动、借款规模以及其他偶然性的因素决定。总资产更是其他资产变化的结果，而不是导致诸如固定资产等变化的原因，与销售收入更是没有任何直接联系。固定资产的变化取决于企业的资本性支出计划，年底的现金保有量则更是企业各种经营活动的最终结果。

其次，逻辑必须可以证伪，即最终落实到大家能够对其进行合理性判断的因素上。这些因素或者可以直接观测，或者具有合理的历史数据作为对照。销售收入的增长如果不落实到销量和价格的变化上，毛利率如果不落实到成本结构、数量以及价格等要素上，就很难对其合理性进行检验。

最后，逻辑必须是完整的。企业是一个整体，它需要投资以形成各种资产，然后发生各类费用以取得一定的销售收入，最终反映为损益和各项资产负债。因此销售收入的增长如果不考虑企业是否有足够的能力去实现这种增长，是否有足够的资源去匹配这种能力等等，这种预测就像是断了线的风筝，没有归属也没有方向。

对财务模型的错误认识

财务模型及其作用在现实中常常被扭曲。错误的见解使投资者对财务模型工具，有的望洋兴叹，有的嗤之以鼻，财务模型也由此不得不蒙受“高深莫测”或者“华而不实”的冤屈。这其中的问题主要在于两点，一方面是对财务模型功能的错误认识，另一方面是由于财务模型工具运用能力的缺乏。

首先，财务模型的本质是一种工具。工具本身并不能得出任何结论，财务模型对于基本面分析的作用在于让整个分析更系统、更深入、更规范，而不是直接得出一个精准的结论。只有当财务模型能帮助我们更深入地理解企业，为我们更合理的判断提供坚定支持的时候，它才具有了它应有的意义。事实上，当任何一种工具而不是对这种工具的使用能力变成救命稻草的时候，悲剧就会发生。模型本身并没有什么过错，错就错在使用者对它的态度上，有些人总是希望模型能替代自己的思考、分析和判断，希望它能给出一个可直接使用的结论。巴菲特所说的糟糕的模型即在于此。这就像是一个武功菜鸟拎着一把宝刀去闯荡江湖一样，被人砍死实属正常。

数量分析甚至也成为财务模型在一些人眼中的缺陷。“模糊的正确优于精确的错误。”这句出自股神巴菲特的名言现在已经成为一些人诟病财务模型的重要论据。在他们看来，这个包含了众多假设和复杂逻辑的计算过程所得到的貌似精确的结论实际上没有任何意义，因为它很可能会随着一些假设的微小调整而大幅变化。相比而言，依靠近乎确定的短期 EPS 预期以及凭借经验和直觉的 PE 倍数，更能得到一个合理的结论。

实际上，巴菲特所说的“模糊的正确”在《巴菲特致股东的信》中有过明确表述，是指基于企业未来现金流状况所做出的价值判断。由于未来的不确定性，这种判断不可能精确，因此合理的价值往往是一个区间，而不是一个数值。同时由于认识的局限性，在进行投资决策时还应该保持合理的安全边际，以预防各种不测对投资安全的冲击。相反，那种单纯依靠 PE 猜想和短期 EPS 的可比估值，由于缺乏对企业创造价值机制的分析和理解，不可能对企业内在价值做出合理判断，也因此被称为“精确的错误”。

另外，数量分析也并不必然等同于精确结论，在公司分析以及价值评估领域尤其如此。财务模型虽然总是以数量化的形式出现，但其本质在于勾勒企业创造价值的基本逻辑，逻辑合理是对财务模型的第一要求。从估值结果来看，一方面逻辑本身并不可能产生任何结论，这显然还取决于对未来的各种假设；另一方面，即便满足逻辑和假设的合理性要求，其结果也不可能精确，因为那个所谓的精确估值根本就不存在。因此财务模型的基本功能仅在于协助分析人员梳理企业价值驱动要素的类别、逻辑、范围以及最终对价值的影响程度。也正是在这个意义上，它才是得到上述“模糊的正确”的核心工具。

对财务模型的歧视或者漠视的另一个重要原因在于部分分析人员对运用财务模型所必须具备的基本条件的欠缺。要真正达到辅助决策的功能，财务模型的使用者首先必须具备三项核心能力，即财务知识、估值方法、以及对企业和行业核心特征的了解。除此之外，还必须具有使用 Excel 或其他工具将上述三方面信息进行系统性梳理的能力。不仅如此，由于采用数量化和系统化的分析方式，财务模型更要求上述能力都必须达到一定的高度。例如，它不仅要求分析人员能合理预测营业收入，还要求能预测支撑该收入所需要的资本性支出。它不仅要求测算 EPS，还要求计算现金流。总之，没有对上述能力的综合性掌握，就不可能通过财务模型这一工具得到有决策意义的任何结论。

当然，涵盖了如此多内容的财务模型也引发了人们对其复杂性的恐惧。一个典型的财务模型往往由多张 EXCEL 表单组成，并包含数十项不同方面的假设，但这种复杂性在很多时候源于其分析对象——企业的复杂性，此时复杂性困境很可能难以避免，但建模水平的提升，如清晰的结构和合理的注释等，能大大提高模型的透明度和可用性。同时通过将诸如报表勾稽关系等共性逻辑模块化等方式，也可以有效降低财务模型的复杂程度。最后，在了解企业全貌的基础上不断化繁为简，通过对核心关键因素的把握完成对企业合理价值范围的判断，甚至最终可以抛开有形工具的帮助，那就更是大师的境界了。但在此之前，财务模型对于基本面分析必不可少。

就像是即便搞清一部新手机的使用方法也要花费若干小时一样，熟练运用财务模型更非易事。但如果将对企业的投资或者管理作为自己的一项重要追求，那么你将越来越发现在上述领域的投资是多么的物有所值。当然前提是你必须从一开始就树立实践运用的决心和方向。无论如何，实践——真正的投资和管理实践才应该是上述工具和方法的舞台，没有这个基础，所有这些东西将毫无用处，它们只会成为“糟糕”的东西，甚至断送你的投资“钱”景。

第二章

现金为王

内在价值是一个非常重要的概念，它为评估投资和企业的相对吸引力提供了唯一的逻辑手段。内在价值的定义很简单：它是一家企业在其余下的寿命中可以产生的现金的折现值。

——《巴菲特致股东的信》第六章 会计与估值

第一节 价值就是自由的现金

现金流量折现以一种全面而又简明的方式，囊括了所有影响公司价值的因素。此外，现金流量折现法得到了关于股票市场如何评估公司价值的研究结果的有力支持。

——《价值评估(第二版)》第三章 现金至尊

基本面投资的核心是把握企业的内在价值，因此首要的问题是：这个内在价值是什么。如果连目的地都不清楚，其他所有的一切自然也就无从谈起。就“价值”一词本身而言，这个充满主观判断的词汇并不能给出确切的结论，同样的事物在不同的人眼中常常具有不同的价值。但就投资而言，价值一词却不应有任何异议。因为无论是在西方还是东方，无论是投资一个数十亿美元的项目还是去股市上买几万元股票，它们的目的都一样，那就是获取回报。

因此，对企业内在价值的理解，关键就在于什么是企业真正创造的回报。是损益表上的净利润，还是资产负债表上股东权益，或者股东拿到的现金分红，或者现金流量表上经营活动所产生的全部现金？可能出乎一些人的预料，这些都不是。上述指标虽然都部分地体现着投资回报，但都不全面，这种片面性甚至经常会误导投资者的判断。

其实，理解这一问题并没有想象的那么困难，也不是什么高深的理论难题，这和理解基本面投资的所有其他概念、方法一样，要领就在于回到实业投资的视野，而不是将眼光仅仅聚焦在股价上。只有这样才能回到投资的本质，进而看清投资的本质。正如巴菲特所说：

在投资过程中，如同在棒球运动中那样，要想让记分牌不断翻滚，你就必须盯着球场，而不是记分牌。

——《巴菲特致股东的信》第六章 会计与估值

净利润只是起点

说起回报，很多人首先想到的就是净利润，这是损益表的结果，是企业当年销售收入扣除所有费用后的余额，是财务分析中最核心的指标。无论从指标的出发点还是其具体核算方法，净利润毫无疑问都是衡量企业回报的关键指标。问题仅在于它与投资者真正获取的回报之间是一种什么样的关系。

小问题：一个零利润项目的价值

假设有一个生命周期为5年的项目，项目的投资额为1000万元，每年产生的收入为500万元，同时包括折旧在内的所有成本费用也为500万元，该项目在其整个生命周期内的净利润都为0。现在如果将该项目出售，它的估值水平到底应该为多少？

显然，如果将该项目在市场上进行拍卖，成交价格不可能等于其在整个生命周期内的净利润合计。因为不管怎么样，该项目每年都可以产生200万元(净利润 + 折旧)的现金收益，因为成本中的折旧费用并不需要支付现金。这个问题还可以表现为另一种形式：

小问题：净利润激增下的价值改善

假设上述项目的实际运行寿命为10年，折旧仍然按照计划运行周期5年计提，则该项目第6年的净利润由于折旧已经提足而大幅提高，那么这种提高是否意味着该项目价值发生了实质性的变化？该项目剩余5年的价值是否会比上一个例子中具有5年寿命的项目价值更多？

显然，对于投资者来说，他的实际回报既没有增长也没有减少，如果该项目也在市场上进行拍卖，其成交价格既不会比第一个项目高，也不会比第一个项目低，因为对于股东来说，它们创造的回报是相同的。从上面两个案例可以看出，对于投资者来说，净利润并不是终极意义的回报。一项投资对于投资者的终极意义必须从现金回报，而不是从账面净利润的角度来加以考察。正如麦肯锡公司在其经典著作《价值评估》中所论述的：

投资者不能够用净利润去购买一处住宅或一辆轿车，只有经营产生的现金流才能被投资者用来消费或者进行其他投资。

——《价值评估(第四版)》第三章 价值创造的基本原理

所谓从现金回报的角度，就是指在衡量投资回报时对非现金支出的影响进行剔除，即将不需要支付真金白银的支出不再作为费用扣除。非现金支出的产生是为了符合会计中收入和费用的匹配原则以及谨慎性原则而做出的处理。在企业的财务报表中，所有这些支出都被作为费用，与现金支出一起从收益中扣除。非现金支出一般包括折旧、摊销、减值等。

因此，现金流而不是净利润更应该引起投资者的足够重视。实际上，如果是自己的买卖，投资者都会像鹰一样紧盯着现金流，而不是净利润。试想如果你开了一家餐馆，有人天天来你这吃饭，但仅仅是记账而不付钱，你一定会如坐针毡，如果这种情况持续一段时间，你的餐馆肯定会因为资金枯竭而倒闭。这时候，餐馆的净利润实际上仍在上升，只是净利润并没有转化为现金收入。这种情况在上市公司中并不鲜见，甚至可能更糟。

案例：四川长虹(600839) 的收益泡影

四川长虹(600839)在2004年大额计提减值损失37亿元，其中的近26亿元是由于公司的美国进口商APEX公司无法全额支付货款，因而对应收账款计提减值。公司当年巨亏36.8亿元。而从2003年来看，无论是公司的收入还是利润都可以说是春风得意。公司实现销售收入141亿元，实现净利润30.3亿元，分别比2002年的126亿元和20.7亿元有了大幅提升。但如果仔细考察公司净利润的构成以及其与现金流的关系，2002年和2003年那美丽的损益表背后实际上已经埋藏着明显的隐患，只不过它在2004年爆发而已。2002年和2003年公司的出口收入分别占总销售收入的

44%和 36%，但仅仅对 APEX 公司的应收账款就占到出口收入的 69%和 88%，上述应收账款占公司当年应收账款总额的 87%和 89%。见表 2-1(单位：亿元)。

表 2-1　四川长虹财务数据对比

项目	2002	2003
净利润	126	141
销售收入	20.7	30.3
APEX 公司应收账款	38.3	44.4
出口收入合计	55.4	50.4
应收账款合计	44.2	49.8
出口收入 / 销售收入	44%	36%
APEX 应收账款 / 应收账款	87%	89%
APEX 应收账款 / 出口收入	69%	88%

显然，这部分销售收入是通过极不合理的赊销实现的。对于投资者来说，2002 年和 2003 年净利润的相当一部分只是一个美丽的传说，情况可能更糟糕，因为收入虽然成为泡影，但相关的成本却实际发生。

以上论述并不是要否定净利润指标的意义，事实上，它是企业获取现金回报的最主要来源，这一点在间接法下的现金流量表中显示的尤为明确。在间接法下的现金流量表中，经营活动现金流的测算从净利润指标开始，通过在净利润指标中加回非现金的费用，然后扣除在存货、应收、应付等资产负债上占用资金的变化，从而得到对企业经营活动现金流的估计。因此，从这个角度来看，净利润是企业为投资者创造回报的起点，并且是最重要的影响因素，但绝不是最终状态。一个标准的间接法下的现金流量表如表 2-2。

表 2-2　2010 年某上市公司间接法下的现金流量表

净利润	438, 304, 163
加:资产减值准备	188, 964
固定资产折旧、油气资产折耗、生产性生物资产折旧	155, 221, 071

续表

无形资产摊销	35, 467, 701
长期待摊费用摊销	98, 896, 081
处置固定资产、无形资产和其他长期资产的损失(收益以“-”号填列)	-8, 764, 936
固定资产报废损失(收益以“-”号填列)	0
公允价值变动损失(收益以“-”号填列)	0
财务费用(收益以“-”号填列)	36, 112, 678
投资损失(收益以“-”号填列)	2, 538, 009
递延所得税资产减少(增加以“-”号填列)	-20, 779, 158
递延所得税负债增加(减少以“-”号填列)	−107,772
存货的减少(增加以“-”号填列)	−11,759,300
经营性应收项目的减少(增加以“-”号填列)	−58,430,932
经营性应付项目的增加(减少以“-”号填列)	925,094,105
其他	0
经营活动产生的现金流量金额	1,591,980,674

自由的含义

对于衡量投资者的真正回报而言，现金收益虽然从净利润层面向前迈出了一步，但这一步还不够，因为虽然是现金，但它并不自由。所谓自由，是指这部分现金可以向相关的投资者进行分配，而这种分配并不会对企业的正常经营产生任何影响。这有些类似于生活中常说的可支配收入的概念。虽然工资可以挣到1万，但真正能自由支配的则远远没有这么多，各类强制保险、房屋贷款等都是不得不发生的支出，计算可以自由支配的收入时当然要将上述支出扣除。

对于企业也是一样，虽然获得了这么多现金回报，但企业需要延续，无论是为了维持现有的生产能力，还是扩大生产规模等都需要追加一定数量的投资。这可能是对现有设备的改造，也可能是更新固定资产，或者由于商业环境的变化需要给予客户更长时间的还款期限，或者由于存货价格的提高而需要增加对存货的投入等等，所有这些都将迫使公司增加必须的现金支出，尽管这些支出并不表现为费用，而通常情况下体现为资产的增加，但只有在扣除这些投资之后的现金收益才真正可以向相关的投资者进行分配。当然相反的情况也可能出现，企业也可以从中节省出部分现金，从而增加对投资者进行分配的现金数额。麦肯锡公司在其经典著作《价值评估》中关于长寿公司和短寿公司的例子能很好的说明自由现金的内涵。

案例：长寿公司和短寿公司

长寿公司使用每3年必须更新一次的制造设备，而短寿公司使用每年必须更新一次的设备，但花费只有长寿公司设备的1/3。此外，短寿公司应收款项回笼比较及时。见表2-3。

表2-3 长寿公司与短寿公司比较

		1	2	3	4	5	6	累计
长寿公司	净利润	100	105	110	120	130	145	710
	折旧	200	200	200	200	200	200	1200
	资本支出	(600)	0	0	(600)	0	0	(1200)
	应收账款增加额	(250)	(13)	(13)	35	45	(23)	(219)
	自由现金	(550)	292	297	(245)	375	322	491
短寿公司	净利润	100	105	110	120	130	145	710
	折旧	200	200	200	200	200	200	1200
	资本支出	(200)	(200)	(200)	(200)	(200)	(200)	(1200)
	应收账款增加额	(150)	(8)	(8)	(15)	(15)	(23)	(219)
	自由现金	(50)	97	102	105	115	122	491

现在，你愿意为哪家公司付出更高的价钱呢？

在上述例子中，长寿公司和短寿公司的净利润、乃至现金回报都完全相同，甚至累计的资本支出都完全相同，但其价值却不一样，其原因便在于每年产生的自由现金并不相同。如果按照10%折现第一年开始时的现金流量，就会看到短寿公司现金流量的现值比长寿公司现金流量的现值高出大约50%。

所以，衡量企业投资回报时还需要将现金回报调整为自由的现金，主要是扣除当年发生的用于营运资本和固定资产等方面的新增投资。至此所得到的就是在企业估值中一个非常重要的概念——自由现金流。只有它才是衡量企业真正回报的可靠指标。

需要说明的是，作为投资回报的衡量指标，自由现金必须是一个流量的概念，它包括了企业存续期间所能够获得的自由现金的总和。一个单一年度的自由现金往往不能说明太多问题，因为它会受企业资本支出水平的影响，大量的资本支出将减少企业的自由现金流量，当自由现金流为负时说明此时企业的投资者还必须向企业投入新的资金。但这并不表示企业具有很差的回报水平，因为企业进行资本支出，在很多情况下都以增加未来现金回报为目的。

资本成本

在上述长寿公司和短寿公司的案例中，两家公司的自由现金的累计数实际上是相同的，只是分布有所不同，之所以会产生价值上的较大差异，就在于衡量其价值的是自由现金流的现值，即按照一定的折现率折现后的结果，这个折现率被称为资本成本。

在投资中，我们每天都会遇到各种各样的成本，只有当收入能够补偿这些成本的时候，才开始产生收益，换句话说，投资才开始创造价值。在企业的损益表中，会计人员列示了从收入到利润所应扣减的所有费用，但投资的全部成本其实还不仅于此，还有一项隐性成本虽然不在财务报表中列示，但却实实在在地发生着，那就是我们所投入资金的成本，即资本成本。和其他成本的性质一样，如果投资收益不能弥补资本成本，这项投资同样也没有价值。其实，在真实的投资中，每个人都无时无刻、自觉或者不自觉地考虑着自己的资金成本，尽管它似乎并没有以现实的形态出现。

小问题：你的投资赚钱了吗？

假设一个投资者在股市中投入 10 万元，一年后净获利 3000 元，而同期银行一年期定期存款利率为 4%，在总结其一年的投资成效时，你觉得哪一种评价更为客观：

A、不错，他赚到了 3000 元

B、不行，他亏损了 1000 元

理智的投资者都会选择第二个评价。因为，当人们决定把资金投入资本市场的时候，首先想到的是自己放弃了存款利息。所以投资至少应该带来高于利率的回报，否则就将得不偿失。这就是一种资金成本，但全部成本还远远不止这些。“股市有风险，入市需谨慎”，告诫投资者投入的资金并不必然就能获得收益，你可能会如愿以偿，也可能血本无归，所有的投资者都或多或少体验过那种撕心裂肺的煎熬。所以除了你放弃的绝对保障收益以外，你的资金还承担着一定的损失风险，这同样也是一种资金成本。

总之，资金成本就是你认为可以为本次投资接受的最低收益水平，这个水平体现了你对所承担的投资风险以及损失的机会成本的判断，只有投资收益高于这一水平时对你来说投资才是有意义的。因此，如果一项现金流较早产生，理论上它可以在今后的年度获得上述机会收益，反之，较晚产生的现金流就丧失了上述机会收益，或者说必须承担上述机会成本，这也就是为什么较晚产生的现金流价值较小，而不同年度产生的现金流必须通过该资本成本贴现后才能进行比较。

在投资实践中，一般用资本资产定价模型(CAPM 模型)来估计一项股权投资所对应的风险水平或者说机会成本。

背景知识：CAPM 模型

CAPM 模型是估算单一证券面临的总体风险水平(即权益资本成本)的主要方法，其基本公式如下：

$K_e = r_f + \beta \times (r_m - r_f)$

K_e——权益资本成本；

r_f——无风险利率；

r_m——市场预期回报率；

$r_m - r_f$——市场风险溢价；

β——系统风险系数。

上述公式可以这样理解，资本成本主要可以分解为两个部分，即无风险的资金回报和相对于无风险投资所承担的风险水平。前者很容易理解，也比较容易找到参照，在众多的资本收益中，国债作为以国家信用为担保的投资方式风险最低，因此一般都使用长期国债的实际收益率来衡量无风险收益水平；后者则是特定股票投资相对于国债投资所承担的额外风险水平。

对于股票投资的相对风险，又可以分解为两个要素，一个是股票市场的整体风险。这是整个市场的系统风险，只要投资于股票市场，你就必须首先承担这一水平的风险，它不会因为你选择不同的公司或者投资组合而发生改变。也就是说，一旦你选择了把鸡蛋放在篮子里，你就要承担篮子这种容器的平均风险，这和你选择哪个篮子没有关系。股票市场的系统风险由整个经济环境、资本市场在这个经济体系中的地位、作用、经济体系内人们的风险偏好等等因素共同决定。股票市场的系统风险与国债投资收益之间的差额就是人们投资于股票所要求的相对于无风险收益的额外收益，也称为资本市场风险溢价。

具体到每一项投资，它只是资本市场平均收益和总体波动的一个组成部分，它的风险可能大于市场的系统风险，也可能相反。这取决于投资的行业、公司等微观特征。这就是股票投资相对风险的另一个要素，即单个股票的收益相对于整个股票市场平均收益的波动水平，称为单个股票的风险系数，即人们常说的 β。当公司股票的 β 系数大于 1 时说明该投资承担的风险高于市场平均，反之亦然。例如，对于那些运行平稳、受经济周期影响较小的企业，它们的 β 系数一般都小于 1，这类投资的相对风险较小。

以上就是资本成本的三个决定要素。举例而言，如果无风险利率为 3%，资本市场的系统风险为 8%，而单个股票的 β 系数为 1.2，则如果你买入这支股票，你的资金成本就包括需要对无风险收益进行补偿的 3%，加上资本市场应该支付的风险溢价 5%并对单个股票风险系数的调整，共 6%，合计为 9%。

当然，对于未来的风险，谁都没有先知先觉的能力，更没有什么高科技的手段能对这些参数进行准确的预测，这或许也是资本市场的魅力所在吧。

CAPM模型是在资本市场有效性以及资产组合等理论的基础上产生的，其局限性也非常明显。正如巴菲特所说：

> 要成功的进行投资，你不需要了解 β 值，有效市场理论，现代投资组合理论，期权定价，或者新兴市场。实际上，你最好对此一无所知。
>
> ——《巴菲特致股东的信》第二章 公司财务与投资

对于一般的投资者来说，理解资本成本的经济涵义可能更为重要。这意味着对于每一项投资你都必须意识到你还承担着一定的资本成本，所以在投资之初首先要判断和确定资本成本的合理区间，只有当你的预期收益水平高于资本成本时，该项投资才有价值。同时，资本成本并不是一成不变的，它取决于投资所承担的风险水平，所以低收益并不一定意味着低价值，这取决于你是不是同时承担着较低的风险。价值总是收益和风险匹配后的结果，而这才是投资决策的终极依据。

β 误区

在CAPM模型中，无风险利率和资本市场溢价相对稳定，单个股票的风险主要靠 β 系数来调整，β 系数成为一个被广泛使用的风险度量指标。虽然 β 系数测算的是风险，但风险却不可能被直接观测和计量。因此 β 总是基于金融学资产组合理论以及各种统计技术估计得到的，但无论是理论界还是实践界都远未对 β 的测算方法形成共识。在国外资本市场上也常常可以看到基于各自统计模型和理论逻辑的 β 专业提供机构。在所有这些方法中，被人熟知和通常使用的是较为简便的回归法，即对资产历史收益率和市场整体收益率进行线性回归分析，直线的斜率即认为是对收益率变动敏感程度的估计值，也就是 β 值。

在这种计算方式下，β 反映了单一证券的收益率变动相对于市场整体收益率变动的敏感程度。通俗地讲，β 大于1反映了该证券的波动幅度大于市场整体的波动幅度，反之亦然。但或许正是因为这种通俗解释，造成了很多对 β 的错误理解和使用，有人甚至将 β 与所谓的“股性”相提并论，而一些专业投资人员则将在牛市中选择 β 大于 1 的股票，而在熊市中选择 β 小于 1 的股票作为津津乐道的投资原则。

实际上，对 β 系数的测算都是基于统计学最根本的假设，即历史的趋势在未来仍将延续。而面对瞬息万变的市场和企业，这种逻辑假设在很多情况下很难成立。上市公司的业务构成转换、杠杆结构调整、重大资产重组，以及对指数有重要影响的权重股的变化，都会对 β 系数的稳定性造成影响。当这些影响达到一定程度时，直接计算得到的 β 系数就会出现失真，并不足以反映未来的发展方向。

同时，β 系数的计算采用的是市场交易数据，一只证券的交易频率也会对 β 系数的合理性造成影响。假设在最极端的情况下股票交易清淡至 0，那么该股票的收益率和市场的整体收益率将没有任何关系，但这一结论并不能合理反映该股票投资的风险程度以及在未来可能的波动幅度。学术界的研究总体上显示，交易清淡的股票 β 系数的估计值会偏低，而交易频繁的股票 β 系数的估计值会偏高。

另外，即便是在同样的测算方法下，对样本数据的选取标准，例如收益率的选择口径可以是日、周、月甚至季度等，选择区间可以是 1 年、2 年甚至 5 年，选取的用以体现市场整体收益水平的指数类型也可以不同，这些都会导致 β 测算结果的较大差异。

即便假设所有上述问题都不存在，简单的使用 β 系数作为单项投资的决策依据也存在致命缺陷。首先，作为一个统计指标，β 系数代表的是一种趋势，或者说一种概率，而不是一种必然。而概率是必须在足够多样本的情况下才能显著地发生作用。即便每次成功的概率是 80%，但单次尝试的结果也很可能是彻底失败。这也是为什么在实践中 β 系数更经常运用于投资组合决策的原因。

另外，也是更重要的，β 系数反映的是单一投资相对于整体市场的系统风险。换句话说，对于只对该股票形成影响的因素并未被反映进来，例如苹果公司总裁乔布斯的身体因素等等。而对于单一投资决策来讲，这些因素的影响往往是非常关键的。因此即便是能够获得合理的 β 系数，它也不足以帮助投资者完成购买某一证券的决策。正如巴菲特所说：

可口可乐和吉列剃须刀片的竞争实力甚至对于最漫不经心的行业观察家来说也是显而易见的。然而它们股票的 β 值与其他众多稍有，甚至没有竞争优势的普通公司的相似。在衡量公司风险的时候，我们可以从这个相似之处得出结论说，可口可乐和吉列剃须刀片的竞争实力没有给它们增光添彩吗？或者，我们可以得出结论说，拥有公司的一部分股票的风险从某种程度上从其运作的内在长期风险中脱离开来了吗？我们相信这两种结论毫无意义，而且将 β 值与投资风险等同起来也毫无意义。

——《巴菲特致股东的信》第二章 公司财务与投资

最后，最致命的是，按照测算方式，β 系数反映的是一只股票相对于市场指数的波动性，而对于真正的基本面投资者来说，公司基本面未来发展的不确定性才是最大的风险，期间的波动性反而可以忽略不计。因此对于基本面投资者而言，更重要的是回归公司基本面的本质，而不是沉迷于貌似玄妙的所谓金融理论。估值本来就不是一门精确的科学，最重要的在于把握住投资的本质。

DCF

以企业未来所有年度的自由现金流的现值作为其价值估计的方法，被称为现金流贴现法，英文简称为 DCF。在 DCF 法的实际使用中，又包含很多细节，例如，其内部又分为股东自由现金流贴现法和公司现金流贴现法，前者直接对权益价值，即股价进行估计，而后者则估计的是整个企业的价值。

背景知识：公司自由现金流贴现法 (FCFF)

以公司自由现金流评估企业价值的公式如下：

$$EV=\sum_{t=1}^{t=T}\frac{FCFFt}{(1+WACC)^{t}}+\frac{TV}{(1+WACC)^{T}}$$

EV——企业价值；

$FCFF_t$——第 t 年的公司自由现金流;

T——明确预测期限;

$WACC$——加权平均资本成本;

TV——终值。

要得到对股权价值，即股价的估计，还需要在上述结果中扣除付息债务的市场价值。

本书不再对 DCF 的技术性细节进行描述，有兴趣的读者可以参考我们之前出版的专著《价值评估方法与技术》。除了技术细节的处理外，基本面投资者还应该对 DCF 有以下认识。

首先，DCF 法完整地体现了企业价值的三大影响要素，即投资者所获得的真实回报——自由现金产生的数量、产生的时间以及面对的资本成本。正如巴菲特所说：

估价为经济利益购置的所有财富的公式在大约公元前 600 年由一位非常聪明的人设计以来就一直没有变过。这位圣人是伊索，而他不朽的——尽管有些不完整——投资洞察力是“手中的一只鸟值灌木丛中的两只鸟”。为了充实这个原理，你必须回答三个问题。你有多么肯定灌木丛中真的有鸟？它们何时出现，以及那里有多少只鸟？什么是无风险利率？如果你能回答这三个问题，你就能够知道这片灌木丛的最大价值，以及你现在拥有的应当提供给这片灌木丛的最多数量的鸟。当然，不要照字面考虑鸟，而是考虑美元。

伊索的投资格言，像这样扩大并转换到美元是永恒不变的。它应用于农场、石油开采权、债券、股票、彩票和制造厂的支出。而且，无论是蒸汽机的到来，电力的开发，还是汽车的发明，还是因特网，都丝毫不能改变这个公式。只要带入正确的数字，那么你就能够给宇宙中所有可能的资本用途排队。

——《巴菲特致股东的信》第六章 会计与估值

因此，自由现金的数量、产生时间和资本成本成为估计进而理解企业价值的关键。DCF 的本质并不在于复杂的模型和精确的数据，反而在于对影响上述要素的驱动因素的理解和把握。这同时也是基本面分析的本质。在绝大多数情况下这种把握都不可能是一个精确的结论。正如巴菲特所说：

显然，我们永远不能精确预测一家企业现金流入流出的时机或者它们的确切数量。因此，我们尽量使我们的估计保守，而且专注于那些企业意外不太可能对所有者产生浩劫的行业中。

——《巴菲特致股东的信》第六章 会计与估值

总之，对企业自由现金流及其驱动因素的模糊但确切的把握是基本面分析的全部内涵。

第二节 再投资风险

我们相信只有一条保留收益的正确理由，未限定用途的收益只能在有合理期望的时候才能留存——得到历史证据的大力支持，或者适当地得到对未来周密分析的支持——也就是“对于股份公司留存的每一个美元，至少可以为所有者创造一美元的市场价值”。只有当留存的资产可以产生与投资者通常可以获得的收益相等的，或者更高的收益时，这种情况才会出现。

——《巴菲特致股东的信》第四章 普通股

对于基本面投资者来说，企业或资产的价值总是取决于三个要素，即能够在未来获取的自由现金的数量、产生的时间以及所面临的风险。那么是不是在上述三个要素都被合理确定的前提下，就可以直接依据 DCF 的估值结果进行投资了呢？还不尽然，已经被创造出的自由现金的最终流向在很大程度上决定着上述估值结果与企业实际价值之间的差异，这一点在 A 股市场上尤为重要。

A 股上市公司普遍存在两种倾向，对现金分红的吝啬和对盲目扩张的热衷。这两种倾向又相互推动，越是盲目扩张当然就越少有现金用于分红，而越希望将收益留在企业中就越容易滋生扩张冲动。投资者常常遇到的是源源不断产生的现金收益或者被滞留于企业的银行账户上，或者再被源源不断的草率投出，这也造成了 A 股公司高增长率和低回报率的普遍性特征。所有这些行为都将造成股东价值的严重毁损。

案例：峨眉山(000888)的资本支出黑洞

从基本面来看，峨眉山(000888)的诱惑难以抵挡：巨大的垄断和品牌优势、预期门票价格的刚性上涨、经济发展带来的旅游人数的稳步增加。而且，作为一家旅游资源型公司，峨眉山的利润增长并不需要企业增加太多的投资，这是一个理想中的超级现金牛公司。从 1998 年开始公司的前 10 大股东中就不乏机构投资者的身影，到 2007 年末机构投资者的持股量已经占到流通总股数的 51.2%，前十大股东中包括华夏大盘、嘉实策略、中国人寿、中信证券等一线机构。到 2008 年三季度末，这一比例依然有 40.8%。考虑到此时股市中那种从 6100 点下跌到 1800 点左右后强烈的低迷情绪，机构投资者对峨眉山的偏好可见一斑。

从 1997～2007 年，应该说投资者的所有基础假设都变成了现实。2007 年的游客人数相比 1997 年提高了 2 倍多，门票价格也从 1997 年的 50 元调整到 2003 年的 120 元。但投资者猜到了开始，却想不到结局。虽然公司 2007 年的销售收入已经达到近 4.58 亿元，是 1997 年 0.85 亿元的 5.4 倍，但净利润却只有 0.46 亿元，为 1997 年 0.51 亿元的 91%，而这已经是 1998 年到 2007 年间的最高值。

上述巨大差异中有公司招股书利润虚高的成分，但即便将其调整到同一口径，公司营业利润占销售收入的比例仍有近 30%的降幅。这其中的元凶则首推上市以来在低回报的酒店业务上巨额和持续的资金投入。

1997 年上市，2004 年配股，共募集资金 3.56 亿元。同时借款规模也从 1997 年的约 1000 万增长到了 2007 年的 4.1 亿。加上公司自身业务创造的现金，即在净利润加折旧的基础上扣除现金分红后的内部融资金额也达到了近 4.5 亿元，剔除 2007 年末公司账面现金余额约 1 亿元，公司 11 年中累计进行的资本支出约在 11 亿元左右，其中的绝大部分都投入到了固定资产中。从对公司历年在建工程明细的汇总分析中可以了解到约 9.2 亿元资金的去向，其中的 70%被投入到了酒店业务，实际投入旅游业务的资金约为 17%，仅在 1.6 亿元左右。另有 6%的资金被投入到滑雪场等娱乐项目、单身宿舍、供水供电等基础设施上，有 7%的资金去向不明。

从公司 1994～1996 年 3 年的情况来看，酒店业务的毛利率一般比旅游业务少 10 个百分点，但依然非常丰厚，3 年中最低为 1996 年的 47.2%，最高为 1994 年的 54.6%。但随着业务比重的不断上升，酒店业务的毛利率却下降得惊人，到 2007 年只有 6.8%，而 2005 年更是达到了 1.1%。在毛利率不断下降的同时，管理费用和营业费用却不断飙升，二者之和从 1997 年销售收入的 10%一路升至 2007 年的 19%，该比率在 2006 年更是达到了 25%。根据公司从 2002 年开始披露的分部报告，酒店业务基本上一直处于亏损状态，而旅游业务营业利润占销售收入的比例也下降了近 10 个百分点，估计两项业务的费用比例都有了相当程度的攀升。

酒店业巨额的资金投入也并非没有成效，但这种成效仅仅停留于收入层面。与 1996 年比较，2007 年公司门票收入为期初的 7 倍，索道收入为期初的 3 倍，而客房收入达到了期初的 8 倍，餐饮收入更是达到了期初的 11 倍。但巨大的改造和改建的资本支出也在每年形成了一个巨额的折旧和摊销费用。公司 1996 年的总折旧额为 577 万元，当年的客房收入为 908 万元。到了 2007 年公司的客房收入已经达到了 7492 万元，但折旧也同时上升到了 7376 万元。加之其他费用不断攀升，延续上市前的辉煌已经变成了痴人说梦，即便达到一般酒店业务的合理回报都变得遥不可及，公司酒店业务一直在为盈亏平衡而苦苦挣扎。一方面是巨额的投入，一方面是不断的亏损，公司的酒店业务就像一个巨大的黑洞不断吞噬着股东的现金。

2007 年情况似乎开始出现了转机，虽然 2007 年酒店业务的营业利润仅仅是其销售收入的 1%，但至少这项业务已经开始所谓的“增厚利润”了。但从股东所获得的真正回报的角度出发，公司用于投资的每一元钱都是属于股东的，如果公司没有用这一元钱进行投资而是分配给了股东，那么这一元钱本来可以在其他地方得到一个正常的回报，最差也可以在几乎无风险的情况下得到相当于国债利率水平的回报。当企业的投资没有达到足以弥补上述资本成本的回报水平之前，公司就依然在毁损股东的价值。按照 8%的资本成本测算，即便这么多年来酒店业务在损益表上盈亏平衡，公司 11 年来在酒店业务上的增量投资也毁损了超过 5000 万的价值，考虑到它的实际亏损，这一损失更为惊人。

公司在其他方面的投资也乏善可陈，公司投资 450 万元成立的四川峨眉山风景国际旅行社有限责任公司、投资 270 万元成立的峨眉山金旅网络旅游有限公司、投资 300 万元成立的峨眉山灵秀文化有限公司从成立以来就年年亏损。当然这些损失与酒店业务比起来几乎不值一提。

按照上市当天的收盘价，公司当时的总市值为 18.9 亿元，到 2008 年 11 月 19 日只有 12.9 亿元，其中现金股利分配约 2.37 亿元，损失近 19%。在这期间公司股权融资 3.56 亿元，如果假设原有业务价值不变，股东每 1 元钱的资金投入就会造成 1 元钱的市值损失。

因此，对于基本面投资者来说，不仅要关注企业的赚钱能力，同时也要关注企业不挥霍钱的品质。不负责任的随意投资已经成为 A 股市场上毁损股东价值的最大杀手。和挥霍一样，囤积现金也同样会造成股东价值的毁损，只是毁损的程度没有那么严重，毁损的途径也没有那么直接，但其性质完全相同。

在 DCF 中公司当年所产生的自由现金都将按照一定的贴现率被转换为现值，从而构成公司价值的一部分。贴现率一方面反映了获得该现金流所承担的风险，同时也代表了投资者对于投资回报率的预期。例如，如果公司在第 5 年将获得 1000 元的自由现金，贴现率为 8%，那么它所贡献的当前价值约为 680 元。上述关系可以解释为由于未来的现金必须承担 8%的风险补偿，所以 5 年后的 1000 元只相当于当前的 680 元。或者换一个说法，由于预期 8%的年度回报，所以现在的 680 元在 5 年后将变成 1000 元。这就相当于一个硬币的两面，只不过是对“均衡资本市场上回报必须并且只能补偿风险”这一命题在两个方向上的理解。对于那些喜欢囤积现金的企业。显然，企业每延迟一年向股东支付回报就意味着股东将损失大约相当于贴现率水平的收益，这将使企业的内在价值远远低于基于 DCF 估值的基础结论。

而且通常情况下，如果公司握有大量现金，管理层就容易产生巨大的投资冲动。这就是著名的“华尔街膀胱理论”：一个公司保有的现金量越巨大，那么这些现金流出公司的压力也就越巨大。所以，对于持有远远超出正常营运所需现金水平的公司来说，基本面分析的要点之一就是：为什么这些公司的“流动性”如此过剩，以及这些过剩的“流动性”可能对公司未来所造成的影响。

案例：中卫国脉(600640)和华北高速(000916)的超额现金

所谓超额现金就是企业囤积的超出正常经营需求的现金。按照现金占总资产的比例，A股公司的这一指标从2002~2007年一直稳定在17%左右，但内部分布极为不均，从现金销售收入比来看，A股公司从2002~2007年有了很大的改善，该指标从49%下降至34%，内部分布依然不均。

从2007年数据来看，中卫国脉(600640)在上述两个指标上都位居A股首位，其囤积现金的理由并没有做出任何披露，但膀胱效应已经初现，公司从2002年起就一直从事大量的股票买卖，其投资收益竟然在2005年、2006年、2007年分别达到公司当年净利润的7倍、20倍和3倍。

华北高速(000916)在囤积现金榜中比较典型，超额现金产生的主要原因是募集资金并未充分使用。公司1999年上市时募集的9.2亿元资金本来计划用于收购京沈高速北京段的收费权，但一直未果而搁置至今。这无疑是对资金的极大浪费，新老股东们不仅享受不到增量资金所带来的增长，还不得不一起去瓜分原有的收益。不过比起不负责任的盲目挥霍来说，一直持有现金也算是明智之举了。

无论当前的现金是来自募集资金还是公司自身的积累，毫无目的地保持大量现金显然是对股东价值的一种损害，这部分资金本来可以被用于其他更有效率和产生更高收益的地方。在企业拥有大量现金时，那些能够抑制住内心的狂热，坚持和冷静地执行审慎投资原则的管理层实在是少之又少。

在峨眉山案例中，很多研究员关注的重点都放在了公司损益的变化上。但对于股东财富来说，由于投入和产出的现金流的净现值小于0，酒店业务形成了对原有业务价值的蚕食。就像小学时代那道经典的数学题，在一个池子中有两个水龙头，一个往里注水，一个往外放水，股东最终可能什么也得不到。

在成熟的资本市场上，挥霍现金或者囤积现金的公司必然会引起股东的反抗，当然也会引起那些杠杆收购大亨的极大兴趣。在上述峨眉山的案例中，公司截止2008年11月19日的12.94亿元市值基本上全部基于市场对旅游业务的价值判断，EPS中也几乎没有酒店业务的贡献。换句话说酒店资产对公司市值的贡献为0。所以如果按照当前市值水平收购公司，然后卖掉所有的酒店资产，并不会使公司的净利润以及估值水平有所下降。公司 2007 年底固定资产的账面值约 9.5 亿元，其中索道设备仅为 0.9 亿元，保守估计酒店业务的资产账面值应该在 6 亿以上。即便按照 1 倍 PB 的地板价估算，收购方也可以立刻获得 50%的回报。而公司账面还有 1 亿以上的现金余额。此外更重要的是，由于旅游业务产生的现金将不会再被效率低下地配置，无论是用来分红还是偿还借款，公司的估值水平都很可能会提高。

但在中国的资本市场上，上述逻辑即便从理论上讲也都不具备发生的可能。虽然全流通改革之后，对企业价值的改善和提升也开始和控股股东的经济利益有了更为紧密的联系，但就像峨眉山的第一大和第二大股东峨眉山旅游总公司和乐山市红珠山宾馆一样，作为当地的国有企业，它们在很大程度上具有政府的某些特征，无法将其看成一个纯粹的经济主体。至于其管理层为什么对如此低回报的酒店业务如此青睐，而且在十几年间持续不断地投入了如此巨额的资金，这背后的原因也不得而知。

在 A 股市场中，由于公司治理结构的不健全，中小股东的利益很难保障，同时大量企业的国有背景使盲目的低效投资比比皆是。因此，对于基本面投资者而言，企业对待投资的态度以及能力必须成为评估其内在价值时一个至关重要的因素。在实践操作中，合理预测企业保留自由现金的时间以及可能的草率投资都非常困难，或者根本就不可能。因此 DCF 估值结果中常常无法包含此类因素的影响。但 DCF 的原理仍然是认识此类影响的基本原则，对于那些基于内在价值的投资者来说，要么在现有的估值基础上对这些企业留出更多的安全边际，要么最好对这样的投资对象退避三舍。

在这种情况下，现金红利可能会成为判断企业基本面价值的重要因素，DCF 本身也变形为红利贴现法。所谓红利贴现就是使用现金股利作为股东自由现金流，并按照一定的贴现率贴现为现值以估计股价的方法。由于在很多情况下，现金股利并不能反映企业的实际盈利能力、发展前景和资产质量，因此这种方法在估值实践中并非主流。但对于那些已经进入成熟期，在可以预见的未来并没有大量资本支出需求的企业，由于红利一般都较为稳定，而且是切切实实可以拿到手的回报，因此红利贴现的结果可以作为企业内在价值底线的坚实参照。

案例：向白酒股要红利

2009 年 3 月 19 日，五粮液(000858)发布 2009 年财报，作为当年第一支披露年报的白酒股，公司销售收入达到 111 亿元，酒类收入突破百亿大关，实现净利润 34.25 亿元，同比增长 79%。这种结果并不在人们的预料之外，对于决定白酒股价值的两大核心要素——高端白酒的销量和价格，投资者始终给予热烈预期，而这种预期似乎也在白酒企业的历史绩效中得到一次又一次的印证。牢固的护城河、充沛的现金流、稳定的增长率，白酒股的价值投资地位似乎牢不可破。

总体来看，A 股中的白酒类公司符合成熟企业的特点。企业未来的发展并非基于巨额的资金投入，即便是增加产能的投资相对于其每年创造的现金流来说也几乎不值一提。五粮液 2009 年的经营活动现金为 60 亿元，投资活动现金流为 -43 亿元，其中的近 33 亿元主要花在收购母公司酒类关联资产上，2008 年公司的投资活动现金流仅为 -1 亿元。即便 2009 年产生了巨额的现金支出，公司年底的账面现金余额也创下历史新高，达到 75 亿元。但与此对应的却是，公司的分红方案却依旧少得可怜，为每 10 股派发现金 1.50 元(含税)。

公司当前的股价为 27 元 / 股，按照这个红利水平，在红利每年增长 10%的假设下，投资者需要 30 年才能收回本金。而如果按照 3%作为年度回报的最低要求，现有股价相当于每年增长 20%假设下的红利贴现结果。以红利为基础的价值判断也可以通过股票获利率指标来反映，即现金股利占当前股价的比率，按照五粮液当前的股价和上述分红方案，其股票获利率为 0.56%，远低于存款利率水平。

与此同时，在白酒股中也不乏企业盛极而衰的典型，如酒鬼酒(000799)、古井贡酒(000596)等。投资者对销量和价格的预期或许都是合理的，但如果由此产生的收益并不会最终流向股东，而可能会在各种无意义的多元化，甚至是黑洞和挥霍中流失的话，那么再美好的未来都将终成泡影。因此当对企业未来的现金用途无法做出合理估计，同时又对其公司治理水平不能抱有足够信心时，对于类似白酒类的上市公司，以红利为基础的投资判断方法能够提供一个较为合理和谨慎的视角。

对于那些敢于分红的上市公司，只要现金保有量及资本结构在公司正常的运营范围以内，基本面投资者不仅不应指责，反而应该更加关注。

案例：双汇发展(000895)的发展观

2008年双汇发展每10股派6元现金股利，分红比例超过50%，而这却是公司自2002年以来分红比例最低的一次，2002年至今公司已经累计向股东发放了超过22亿元的现金红利。

由于公司的实际控制人为高盛集团和鼎晖中国成长基金，二者通过合资成立的罗特克斯有限公司直接和间接持有双汇发展51%的股权。外资股东加高现金分红，再结合公司当前“未分配利润小于公司未来投资需求”以及“净资产增长率与净利润增长率不对称的特征”，双汇发展被扣上了“抽血”的帽子。事实上，证据还远不止这些。公司自2004年以来固定资产几乎没有任何增长，2004年为15.5亿元，2008年也仅有16亿元。如果不考虑公司账面现金的不断增加和长期股权投资的影响，公司在主营业务中的资金投入甚至在减少，2004年为16亿元，到了2008年仅为14亿元。难道双汇发展就真的不准备发展了吗？

上述所有讨论可以被归结为两个问题：第一，企业是不是在合理地进行必要的资本支出；第二，企业是否具有未来必要资本支出的能力。从这两个角度考察，“抽血”还是“发展”就真相大白了。

首先，企业的资本支出水平并不直接表现为资产负债表固定资产的变化。由于新会计准则对固定资产披露的简化，资产负债表披露的只是固定资产净值，它不仅受企业资本支出的影响，还受固定资产正常折旧的影响，当企业的资本支出正好弥补折旧时，固定资产的净值保持不变。因此，只有固定资产原值的变化才是考察企业资本支出水平的合理指标。双汇发展2004年的固定资产原值为19亿元， 2008年为26亿元，四年间公司的资本支出为7亿元，约为期初固定资产规模的39%。公司高低温肉制品的产量在此期间也在不断扩大，从 2004 年的 54.5 万吨，到 2008 年已经达到了 83.4 万吨。

其次，上述资本支出的资金来源并不局限于净利润，从现金流量表的构成来看，企业当年所创造的现金收益不仅包含净利润，还包括折旧、摊销。对于像双汇发展这样的资本密集型企业，固定资产的更新并不会像折旧那样平滑。因此公司当年由于收回折旧所产生的现金和净利润一样是其资本支出的重要资金来源。在很多情况下，这一资金来源就足以满足企业稳健扩张的需求。当现有的固定资产还无需重置，而新增的资本支出相对小于计提的折旧时，固定资产的净值以及企业投资资本的金额自然会逐渐变小。此时净利润和净资产显然也不会实现所谓的同步增长，这些和企业是否缺乏长远眼光以及进行必要的投资活动都毫不相关。通常为考察企业是否进行了必要的资产更新，固定资产成新率可以作为合理参照之一。以固定资产净值占原值的比例来近似估计该指标，双汇发展 2004 年为 82%，即便到了 2008 年也有 61%。

从流量上看是这样，从存量上看当然也是一样，一个企业未来资本支出的能力不是取决于未分配利润的多少，而是是否保有必要的现金，或者能够在资本支出发生前创造出足够的现金，从 2004 年开始双汇发展的账面现金就在持续累积，到 2008 年达到近 13 亿元，即便不考虑未来持续不断的现金创造，账面现金也足以支付企业当前所有明确的资本支出需求。如果这种方式被视为抽血，那么在 A 股这些普遍存在投资冲动的企业中，就让这种“抽血”来的更普遍和更猛烈些吧。

第三节 现金流异化

幼稚地斤斤计较会计利润，势将导致毁损价值的决定。

——《价值评估(第二版)》第三章 现金至尊

公司净利润的屡创新高当然可喜可贺，但基本面投资者必须清醒地认识到，如果这种变化并不能带来公司现金流的同步变化，所谓的新高就很可能只是一个幻影，而且这种不同步背后还很可能隐藏着更为深刻的价值影响动因。

依据间接法现金流量表的基本架构，一个企业的经营活动现金流和净利润之间的关系主要受四个因素的影响，财务费用、公允价值变动、营业外收入等非经营性因素；折旧摊销等非现金性费用；存货的变化、经营性应收的变化和经营性应付的变化。一般来说，如果没有重大变化，公司当年的净利润应该与经营活动现金流具有一个相对稳定的关系。如果这种关系发生较大变化，就必须对其中的原因进行求证，以确定这种变化对企业未来创造自由现金流能力的真实影响，并以此作为评估企业价值的最终依据。

案例：风帆股份(600482)的存货惊魂

2007 年，风帆股份创造了 1.16 亿元净利润，相对于 2006 年提高了 43.7%，但与此形成鲜明对比的是 -11.1 亿元的经营活动现金流，造成上述巨额缺口的主要原因之一就在于新增存货对资金的占用。由于公司核心产品汽车用蓄电池的主要原材料——铅的价格快速上涨，以及公司储备铅的数量大幅提高，公司存货从 2006 年的 4.58 亿元直线上升至 13.15 亿元，与此同时公司的短期借款从 4.25 亿元上升至 16.34 亿元，债务权益比一举从 2006 年的 70%提高到了 128%。实际上公司已经濒临资金链断裂的边缘。

2009年1月公司发布业绩预告，由于原材料价格由先前的暴涨转而成为暴跌，公司保有的大量高价存货一方面导致毛利率迅速下降，另一方面又造成资产减值损失迅速增加，公司预计2008年亏损达2.5亿元，与公司上年同期1.16亿元的归属母公司净利润形成强烈反差。

在上述案例中，净利润在不断增长，现金流却逐渐枯竭，在损益表欣欣向荣的同时，资产负债状况却极度恶化。一方面存货是创造收益的基础，但它同时也必须消耗现金，当存货突然变大时，企业的资金链通常都会绷紧。这种状况的发生有时是主动的，例如计划中生产规模的扩大；但更多的时候是被动的，例如原材料价格的上涨。相比而言，这种被动的存货膨胀对很多企业都是一个严峻的考验，准备不足或者错误应对的企业甚至会由此而掉进流动性枯竭的深渊。在原材料价格飞速上涨的大背景下，很多公司都上演了这样的惊魂一幕。

风帆股份是这样一类行业中的典型。一方面企业没有对上游原材料的议价能力，同时将成本压力转嫁给下游企业或者消费者的能力又有限，即便最大限度的部分转移也存在一个较长的时滞。在这种背景下，当原材料价格飞速上涨时，企业的毛利率被不断挤压，而为了保证生产，储备存货所需要占用的资金却不断增多，企业的资金链在双重压力下不断吃紧。因此对于资金并不充裕的企业来说，在这种状况下应该以现金为核心来组织生产，防范资金链断裂对企业的致命打击。但这常常意味着缩减生产规模，进而净利润下降，而这是企业管理者所不愿看到的，也是基金经理和分析员不愿意看到的。为了完成净利润考核指标或者实现资本市场的EPS增长预期，一些企业选择铤而走险，通过产量扩张来弥补毛利率下降的净利润缺口，但这必然导致更严重的资金短缺。

但这往往还不是故事的结局。飞涨的原材料价格总会在某一天恢复正常，通常情况往往是暴涨之后尾随的暴跌。对于这些行业来说，不能及时转嫁成本，往往意味着商品价格的下跌会快于，至少是等同于原材料价格的下跌，保有大量存货的公司将再次遭受重创，之前的大量资金占用将在这个时刻转化为大量的实际损失。这实际上就是风帆股份在2007～2008年所经历的，只不过它走的更远，还希望能够从电解铅的价格上涨中分一杯羹，因而储存的存货数量更是高于生产所需水平。如果不是大股东旗下的中船重工集团财务公司为其提供了 16 亿元的借款，公司可能早就因为现金枯竭而停止运转了，而那些为 2007 年高 EPS 欢欣鼓舞的投资者也必须面对惨痛的损失。

当然，由于存货膨胀而导致的经营活动现金流与净利润的异化表现也必须具体问题具体分析，不能一概作为负面信号而一棍子打死。这要视存货的种类、用途及其未来发展方向综合确定。房地产行业就是一个例外。由于房地产开发投入巨大，且大部分资金投入都在存货科目中核算，因此买地、建造等资金支出都会对企业的经营活动现金流造成较大影响，这些显然都是一个必要而合理的资金需求。所以对于正处于快速发展阶段的房地产企业来说，会计报表中的经营活动现金流长期为负非常常见。同样，如果上市公司具有房地产业务，那么其经营活动现金流也将受此影响，除非将该影响进行剔除，否则对这种影响而导致的现金流异化现象就无法进行合理的分析。

与存货类似，应收账款的膨胀也会带来同样的效果。这种情况很可能是企业在刻意调整公司收益，例如暂时性的放宽回款条件，甚至虚构销售合同等。如果不能得到合理的解释，这种情况当然是企业价值毁损的重要信号。此外，在 A 股市场上，大股东和上市公司之间往往存在众多剪不断理还乱的关联往来，此类往来如果和企业正常经营没有直接关系，就会引起其他应收应付等会计科目的非正常变化，从而导致经营活动现金流与净利润的异化。当然，虽然经营活动现金流严重小于净利润是一个非常值得关注的信号，但也并不一定意味着公司基本面的必然恶化。所有的现象都需要找出背后的动因，然后才能得出合理的结论。

案例：宇通客车(600066)的诡异现金流

在《ValueTool A 股上市公司数据手册》根据若干财务及估值指标所进行的最有价值公司排名中，宇通客车(600066)连续两年名列前茅，2009 年排名第二，2010 年排名第一。稳定的回报水平、高比例的分红以及行业中无可替代的龙头地位使得这一名次并不出乎人们的预料。但出乎人们意料的是公司 2009 年在净利润创造历史新高达到 5.67 亿元的情况下，经营活动现金流却从

2008年的9.6亿元惊人的下降至2009年的0.73亿元。

从财务报表来看，对宇通客车经营活动现金流造成重大打击的是应收账款和存货的增加，分别为4.1亿元和1.2亿元。有分析报告称宇通客车存货的变化主要是由于企业在钢价较低时储备了大量的钢材，但实际上对存货造成重要影响的是存货细分科目中的“在产品”而不是“原材料”。因此对宇通客车经营活动现金流合理性分析的关键，就在于其年末的应收账款及在产品保有量是否具有合理的解释，这两个指标都直接指向了产量。公司2009年的产量为2.82万辆，仅比2008年略高630辆，但由于以上两个指标均为年末时点数据，因此其与全年产量的相关性较差。根据宇通客车的产量公告，公司2009年12月“创造了单月交付量的新高”，销量达到4899辆，远高于公司11月2876辆，以及披露月度经营数据以来2009年4月到11月的月均2436辆的水平。这为应收账款的膨胀提供了合理解释，按照这样的生产势头，“在产品”所导致的存货增加也不足为虑。因此，宇通客车的诡异现金流变化，应该不会形成对公司基本面价值判断的重大影响。

图2-1　2008年年底以来宇通客车股价走势图

（注：为前复权股价）

值得注意的是，在净利润与现金流的异化分析中，票据是一个必须被单独考虑的因素。在A股公司的财务报表中，应收以及应付票据对企业现金流的影响都在经营活动现金流中体现。但与会计原则不同，基本面分析更注重经济行为的实质。从票据产生以及支付的整个过程来看，银行的信用支撑不可或缺，对企业而言，对票据的接收或者使用本质上也更接近于企业的融资决策而不是经营决策。如果持票人对该票据进行贴现，虽然从财务报表上显示为银行对持票人的融资，但究其本质将其视为银行对出票人的融资更为合理。

从对企业的实际影响来看，应收票据的大幅增加所造成的经营活动现金流的相应减少一般并不代表企业资金的不合理占用，更不代表企业现金流的枯竭。由于一般均为银行承兑汇票，这部分票据的变现能力很强，应收票据的增多更多时候是由于企业现有资金头寸较为充裕，因而在安全的范围内放宽了销售条件，允许客户以票据的形式向银行融资。同样，应付票据膨胀所带来的经营活动现金流的充裕也并不代表企业基本面的优化，这只不过是企业增加了对银行的票据融资，这种影响并不是经营性的，从价值分析的角度，它更是一个融资决策所导致的融资活动现金流的变化，它甚至从一个侧面反映了企业经营活动现金流的短缺。

由于通常情况下应收及应付票据的数额相对于企业资产规模来说都比较小，且区分与票据相关的融资费用非常繁杂，因此为方便起见，一般情况下，在基本面分析中将其视同为应收及应付账款进行处理。但如果票据已经成为企业现金流的重要影响因素，那就必须对这种影响进行剔除，从而反映企业真正的现金创造能力。

案例：苏宁电器(002024)的现金流虚火

对于以高杠杆支撑高增长的连锁企业来说，能否在经营活动中创造充足的现金直接关系到企业的健康发展甚至生死存亡，从年报数据来看，苏宁电器(002024)在这方面的进步非常显著，甚至可以说惊人。这种惊人的进步并不简单地来自于公司经营活动现金流随着销售收入的不断增长，更是来自于其单位销售收入所创造的经营活动现金的巨大提升，该比例从2005年和2006年的0.89%和0.58%一举上升至2007年的8.71%和2008年的7.65%。

从构成来看，苏宁电器的经营活动现金流的影响因素较为简单，由于非现金费用以及财务费用都很小，净利润基本代表了企业的现金收益。而鉴于零售业的特点，应收账款数量有限，因此存货和经营性应付项目，主要为应付账款和应付票据，成为影响经营活动现金的关键要素。公司单位销售收入所创造经营现金流比例的变化基本上就是这四个因素综合作用的结果。在2005~2008年中，苏宁电器的净利率指标直线攀升，从2.1%上升至4.3%，存货周转天数从2006年的57.5天下降至2007年的48.5天和2008年的43.5天，应付账款周转天数也从31.4天上升至33.5天和32.2天，这当然都对会对单位销售收入所创造的经营活动现金产生积极影响。上述表现正常情况下都反映了企业管理绩效的改善。但所有这些改善却还不足以促成公司2006到2007年现金创造能力10倍以上的增长，这种增长最核心的推动力来自现金流的第四个影响要素——应付票据。

从2005年开始，苏宁电器的应付票据开始显著增加，当年余额达到近10亿元，几乎为2004年的5倍，到2006年则一举突破31亿元，2007年又翻了一倍达到近66亿元，这种增长速度在2008年才有所遏制，当年的应付票据余额小幅增长至近71亿元。从财务层面来看，应付票据被视为与应付账款类似的无息流动负债，同样作为企业对其他方的一项资金占用处理，它的变化也因而成为企业经营活动现金的组成部分。苏宁电器2006年应付票据对经营活动现金的贡献为22亿元，当期总的经营活动现金为1.5亿元。2007年这种贡献继续增加至34亿元，占当年经营活动现金流的97%。

由于应付票据的融资活动特征，苏宁电器的现金创造能力显然与财务报表中所显示的存在较大偏差，只有将其作为融资活动看待才能更好地理解企业现金创造能力的真实变化。实际上，应付票据对苏宁电器经营活动现金流的影响还不仅仅产生于应付票据本身。

由于苏宁电器的应付票据一般均为向供应商开具的银行承兑汇票。该票据由银行担保，苏宁电器则需将约为票面金额50%的资金存放于银行作为保证。相比于应付账款，应付票据的信用程度更高，持票人也可以背书转让或者贴现，但对于出票人来说票据手段要比应付账款多出50%的资金占用。

从苏宁电器的现金流量表可以看出，现金流量表的最终汇总结果，即当期“年末现金及现金等价物余额”并不等于资产负债表上的现金余额，这并不符合一般企业的财务报表逻辑。究其原因在于苏宁电器将现金分为两部分，一部分是为应付票据所提供的保证金，而现金流量表则只记录了非保证金部分的变化及余额。无论苏宁电器如此处理的依据是什么，但一个明显的事实是将应付票据所占用的其他方资金计入本公司的经营活动现金流入，而将应付票据所对应的保证金的变化排除在经营活动现金流以外，这显然有失公允。如果同时考虑保证金的变化，公司 2005 年和 2006 年的经营活动现金流将大幅降低。

现金流异化对很多估值方法也有重大影响，按照时下流行的 PE 估值逻辑，如果一个企业的净利润增长 10 倍，在市场环境不变的前提下，则该企业的股价也应该上涨 10 倍。但实际的情况往往是现金流并不会随之有同等幅度的增长。因此，对于基本面投资者来说，这个貌似相同的 PE 实际上具有不同的含金量。内在价值必须从现金回报的角度才能进行判断。

案例：王府井(600859)的现金流异化

2005 年，主营百货业务的王府井(600859)归属母公司净利润为 2700 万元，而到 2008 年，公司净利润已经达到 3.4 亿元，但与净利润 10 倍以上增长对应的却是公司的经营活动现金流只是从 4.97 亿元上升至 8.28 亿元，仅仅增加了 1.7 倍。由此引发的问题是，虽然单位市值对应的净利润变化不大，但其对应的经营活动现金却大打折扣了。

发生在王府井身上的现金流异化现象并非个例，同为百货业的百盛集团(3368.HK)2008 年净利润为 2005 年净利润的 3.2 倍，但同期的经营活动现金流仅为期初的 2.5 倍；而新世界百货(0825.HK)2008 年的净利润为 2005 年净利润的 3.0 倍，但同期的经营活动现金流仅为期初的 1.76 倍。相比而言经营活动现金流的增长均慢于净利润，只是程度各有不同。

除净利润外，经营活动现金流还受财务费用、折旧摊销以及应收应付变化的影响，因此上述异化现象可以从这些因素寻找原因。对王府井来说，虽然公司 2008 年的净利润为 2005 年的 10 倍，但其财务费用只增加了 1.7 倍，这与公司付息债务的变化比例基本相当。所以在 2005 年公司 7633 万的经营活动税后收益中，有 2381 万被用于支付财务费用，而到 2008 年经营活动收益已达到4.5亿元，为2005年的5.9倍，但其中只有4026万元被用于支付财务费用。因此从变化比率来看，净利润的变化幅度远远大于经营活动税后收益。同样的逻辑发生在折旧摊销等非现金费用上，公司2008年的此类费用仅为2005年的1.6倍，所以公司2008年经营活动的现金性收益，即经营活动税后收益与折旧摊销等非现金费用的合计，只是2005年的3.3倍，但由于非现金性费用的相对低增长，导致经营活动税后收益的变化比率大于实际获得的现金性收益的变化。

上述财务特征的产生与百货业的增长路径不无关系。对于百货业来说，同店增长是其业绩提升的重要路径，在这种路径下，折旧摊销以及财务费用一般都会滞后于收入的增长，从而导致增长率指标被逐级放大，处于最末端的净利润便成了上述效应的集大成者。当然，如果采取收购成熟百货门店实现增长的战略，净利润与现金流之间的非同步差异就会缩小。

王府井在2005年底的股价为5.7元，到了2008年股价曾一度摸高至54元。似乎与净利润的增长实现了同步，但这两个股价的稳定性显然不能同日而语。与当初的5.7元相比，近似PE下54元的股价要脆弱的多。

图2-2　2005年年底以来王府井股价走势图

（注：上图为前复权股价）

现实中，企业净利润与经营活动现金流的同步变化非常少见，在估值分析中一般也只体现于终值计算环节，此时企业处于稳定增长状态，资本回报率稳定，营业收入、经营活动现金流、净利润等都将按照该比率稳定增长。当然，这种状态也经常出现于分析人员的典型预测逻辑中，即给定营业收入增长率，成本费用均按上年收入百分比预测，流动资产和负债项均按上年周转率预测，由此得到一个看上去异常平滑完美的财务预测报表，其中的净利润和经营活动现金流自然都将按照预定的收入增长率同步增长，这种状态显然只有在臆想中的未来才能出现。

在净利润与经营活动现金流的关系中，也有一些因素会促进现金流大于净利润的增长，这就是流动负债的增加。在资产负债表中，资产代表了会给企业带来经济利益的资源，负债则显示了会导致经济利益流出企业的现时义务。一个是资源，一个是义务，加之人们普遍存在的资产即为财富的潜意识，这一对本来极其中性的概念常常被给予厚此薄彼的感情色彩。从基本面分析的角度讲，资产的本质是企业对资金的运用，或者说资金的各种占用形式，负债和权益则代表了这些被占用资金的实际来源。资产的膨胀常常让人郁闷，例如上文中提到的应收账款、存货等等，这些资产常常是企业现金流的巨大杀手，在可能的范围内这些资产越少越好；反之，一些负债却足以让人神往，预收账款就是此类负债的突出代表。

所谓预收就是在还没有提供产品或者劳务的情况下预先收取的资金，它一般对应企业未来的销售收入，因而也成为企业近期损益的先行指标。但这种所谓的利润锁定功效只不过是一种现象与另一种现象间的逻辑关系，并不构成其对企业价值的影响路径。本质的影响在于，预收意味着可以使用别人的资金作为提供产品或劳务的基础，由此将大大降低对自有资金的占用，从而提高自有资金的回报水平。与其他负债相比，预收账款的优势在于它并不对应现金支付的压力，导致经济利益流出企业的现时义务不过是按时为对方提供产品或服务，履行这种义务本身就是企业日常经营的目标。因此预收账款常常会给企业经营带来充裕现金流的愉悦效果，当然也同时会对企业的价值判断形成重要影响。

一般来说，单位产品资金需求较大，或者专业化特征明显，需要量身定制的行业，如设备制造、建筑工程以及房地产开发等，预收账款都会成为企业资金来源的重要方式。但预收账款对企业价值的影响在各个行业中并不尽相同，这主要缘于其提供资金的性质以及在企业中的可能用途，换言之对企业自由现金流的影响程度。

对于设备制造企业来说，由于需要马上被用于支付生产具体设备的各项成本费用，因而预收的意义在于尽可能降低生产过程中自有资金的垫付比例；而对于房地产公司来说，预付账款的价值则更进一步，企业不仅可以提前收回所有垫付，还可以提前收回现金回报，进而用于再投资，从而提高整体周转和回报水平。这些要素的变化都将会给企业的现金流特征造成影响。而如果上述特征发生根本性转变，如国家改变对房地产公司预售节点的规定，企业的价值也必将随之发生明显变化。

相比于前两者，小商品城(600415)预收的商铺租金、贵州茅台(600519)预收的经销商货款则具有更加积极的意义。一方面，如果不是企业主动调控，这类预收出现重大波动的可能性很小，因此形成了一类稳定的资金来源。更重要的是这些预收账款并不对应着具体的资金支出，也不代表巨额垫付的资金收回，它们在很大程度上可以成为支撑企业扩张性资本支出以及收回原始投资的资金来源。最近几年，由于预付费会员卡的发展，预收账款在百货类公司中的重要性逐步提升，以王府井(600859)为例，预收账款在2004年还只有2.25亿元，而到了2008年就达到了13.43亿元，同期的营业收入只是从42亿元增长到102亿元。这种变化必然会对百货类公司的估值产生积极影响。

理论上，所有无息流动负债的增加都会对企业的经营活动现金流产生积极影响，但基本面分析必须基于长期和持续的角度，无息流动负债的增加必然意味着和企业相关的其他主体的资金占用，如果这种资金占用已经违背了正常的商业规则，达到了涸泽而渔的程度，那么其对现金流的影响也必然不可持续，甚至会对企业整体经营活动造成危害。一些房地产及施工企业对农民工的工资的占用就属于此类。

上述非同步现象与其说是现金流的异化，不如说是净利润的异化。说明净利润及其增长率指标在一定程度上扭曲了企业为股东创造真正回报的能力。需要提醒的是，上文中所举例子均为经营活动现金流，而基本面分析中需要关注的是自由现金流。当投资分析的目光聚焦于自由现金回报时，所有的扭曲和异化都会真相大白。

第三章

重视资产负债表

在投资的时候，我们把自己看成是企业分析师——而不是市场分析师，也不是宏观经济分析师，更不是证券分析师……最终，我们的经济命运将取决于我们拥有的企业的经济命运，无论我们的所有权是部分的还是全部的。

——《巴菲特致股东的信》第二章 公司财务与投资

第一节 先有资产才有利润

随着股票价值越来越集中地决定于收益表现，自营企业和投资方针这两个概念之间出现了一道鸿沟。当企业家放下手中自家企业的财务报告，拿起另一家大公司的财务报告时，他显然进入了一个新的、完全不同的价值世界。因为他肯定不会仅仅根据近期的经营业绩来评估自有企业，而无视企业的财务资源状况。但是当企业家处于投资者或投机者的地位时，他却做到面对公司的资产负债表而无动于衷，从几个不同的方面来看，这种做法都使得他将自己置于非常不利的境地：第一，他耳闻目睹的是一系列和他的日常经营活动毫无联系的新概念。第二，他不是采用由收益和资产因素共同提供的双重价值检验，而是完全依赖其中一个检验，因而评判标准是不可靠的。第三，他情有独钟的这些收益报表变化的速度和剧烈程度都超过了资产负债表，因此一种夸大了的不稳定性被引入了他的股票价值概念当中。第四，有经验的投资者通过仔细分析可以发现，对比资产负债表而言，收益报表采用具有误导性的报告形式或从中得出错误结论的可能性要大得多。

——《证券分析》第三十一章 损益账户分析

设想一家新成立的公司，首先就要购买资产以具备生产条件，因而首先产生的必然是资产负债表，只有具备了这一基础，营业收入以及损益的产生才有可能。这种关系就类似于果实和果树，虽然收益是投资的最终目标，但没有树干和树根，果实便无从谈起。但在这个 EPS 横扫天下的时代，损益表几乎变成了投资分析的全部，除了从形式上保持财务报表的完整性以外，企业的各项资产和负债在绝大多数分析中都很少被提及和关注。但从基本面分析的角度看，如果不能对企业的资产负债表及其未来的变化有深刻的把握，那么就谈不上对企业基本面的有效认识。撇开不同行业及企业资产负债中的细节性分析不谈，从总体上讲，对企业资产负债状况的全面分析在基本面投资中具有以下几个方面的重要意义。

了解企业的商业本质

在《证券分析》中，格雷厄姆多次强调资产负债表分析的重要性。对资产负债表的分析主要集中在全书的第五部分“损益账户分析，普通股价值评估中的收益因素”以及第六部分“资产负债表分析，资产价值的含义”。两部分的强调重点有所不同，其中第六部分强调的是资产价值对于估值的意义，而第五部分则强调的是资产负债表对于理解损益的重要作用，格雷厄姆将其称为收益的“资源因素”。

对实业投资来说，资产负债表的基础性作用和重要性不言而喻，无论是内部管理还是外部收购，资产负债表都是理所当然的重点。“投资”一词本身就意味着要把资金投出去，这些资金的来源和投出去的结果就构成了资产负债表。对于基本面投资者来说，实业投资的上述逻辑在资本市场上并没有什么本质性的区别。投资者买入公司股票相当于买入该公司的一部分所有权，与该所有权对应的首先并不是收益，而是该公司的各类资产和负债，因为收益并不能自己产生，它必须依赖于资产和负债。因此“是什么”是一个比“能产生什么”更本质的问题，如果一个投资者连自己买的是什么都不清楚，怎么可能对这项资产的未来收益进行合理判断？

从企业的商业本质去探寻其内在价值是基本面分析的核心所在，而企业的商业本质首先就体现为资产负债表的不同特征。打开万科(000002)的资产负债表，现金和存货占据了企业资产的绝大部分内容，其中主要是“在建开发产品”和“拟开发产品”；而长江电力(600900)则完全是另一幅景象，以大坝和发电机组为主的固定资产构成了资产项目的重心。因此，如果先不考虑管理水平等因素，如果你买入的是万科的股权，意味着你买入了一些正在开发以及准备开发的房地产项目和若干现金；而如果你买入的是长江电力，那么意味着你买入了三峡大坝以及相关的发电机组。这显然是两项不同的生意。

因此，资产负债表分析是理解企业经营特征、商业模式的核心环节。企业资产和负债的结构特征、趋势变化、行业差异、同业差异等是理解企业风险和收益特征最重要同时也是最有效的切入点。不同行业以及同一行业不同企业之间的很多本质性的差异在资产负债表上都有明显的体现。例如，企业存货的突然变大很多时候意味着其对房地产业务的涉及，百货企业的固定资产往往说明其自有商业物业的规模，等等。一旦对具体企业资产负债表有了深入的理解，那么投资分析的逻辑就能达到一个更为清晰的层面。

自由现金流的重要影响因素

企业的内在价值是由其生命周期内所产生的自由现金流的现值决定的，这一原理已经在本书第二章进行了详细阐述。自由现金流的构成总体上可以分为三大部分：经营性净利润、营运资本的变化以及固定资产的净支出。其中经营性净利润为企业当期经营性收入扣除所有经营性成本费用后的所得，体现在损益表上；营运资本代表了企业在营运环节中的资金占用，为企业在流动资产上的资金占用扣除无息流动负债上占用其他方资金后的余额。固定资产净支出则代表了当期资本支出扣除计提折旧后的余额，代表了企业在长期资产上的实际现金投入。后两项代表了企业持续经营所必须的投资，既包括维持性的投入，也包括扩大再生产型的投入，这些都表现为资产负债表的变化。显然，如果没有对企业的资产负债表的深刻认识，企业未来的自由现金流量，进而其内在价值就无从说起。

案例：平煤天安(601666)的IPO(首次公开募股)资产分析

2006年11月，平顶山天安煤业股份有限公司在A股上市发行，根据公司招股书，公司2004年和2005年的ROE(净资产收益率)水平分别达到了43%和39%，而同年全行业的加权平均ROE分别为23%和21%。这也由此成为很多分析员眼中的亮点，以每股收益为基础的市盈率法也成为IPO估值定价报告的主流。

但根据平煤天安招股书披露，公司上市时的资产为当前的8座矿井，其中1970年以前投产的为6座，其余两座分别为1979年和1981年。同时，招股书还披露，截至2005年末，有原值约10亿元，但净值只有1816万元的固定资产已提足折旧但仍在继续使用。这与平煤天安募集资金将要收购的项目形成鲜明对比，见表3-1。

表3-1 平煤天安的资产分析

项目	平煤天安	十三矿	朝川矿	香山矿
账面净资产(亿元)	25	9	1.7	1.1
2005年原煤产量(万吨)	2086	185	110	60
产量资产比(万吨/亿元)	83	21	65	55

可以想象，虽然净利润维持在高位，或许在未来也不会发生较大变化，但对于这些35年以上的矿井，未来不菲的维护甚至更新的资本支出仍是必须面对的现实。这些都将对企业未来的自由现金流量造成重大影响。

因此，对于任何一个以企业未来自由现金流的创造，包括自由现金流的规模、结构、风险等特征，来判断其内在价值的投资者来说，对资产负债表的深入理解和合理预测都是企业估值的必要环节。资产负债的未来变化是除收益因素外另一个影响企业自由现金流的核心要素，而这一因素往往是损益变化的前提或者基础。同样收益水平下，必须进行高资本支出的行业或者企业对股东来说必然意味着更小的回报。在现金流贴现的总体原则下，根本就无需对资产负债表分析进行单独强调。只是在这个一张损益表包打天下的年代里，必须通过强调对资产负债表的重视，而使估值分析真正回归到自由现金流的本质。

账面价值仍然是企业内在价值的重要参照标准

一个普通的常识是，几乎没有一只股票是按照账面值进行交易的，同时，同等账面价值资产的收益水平很可能相差巨大。正是因为以上两点原因，账面价值在估值分析中已经退居至一个极其次要的地位。正如格雷厄姆所说：

一个人在估量拟购买的一家私营企业的合伙人权益或股东权益时，他总是从“账面上的”——即资产负债表的权益价值入手，然后考虑一下，企业的历史记录和发展前景是否足以使这种购买有利可图。私营企业权益的售价当然可以高于或低于它所对应的资产价值；但是账面价值总是成为计算的出发点，在达成交易和评判交易时，所使用的标准说到底还是相对于账面价值的溢价或折价。

——《证券分析》第二十七章 普通股投资理论

对于基本面分析来说，投资首先意味着你的资金到底换回了多少资源，因此，虽然上述两点原因是不争的事实，但账面价值及其构成仍然是内在价值的一个非常重要的参照标准。这一标准更是由于以下几个同样客观存在的常识而显得尤为必要。首先，一般来说，超额的回报水平如果不是虚假的，也是很难长期持续的。如果你不怎么相信那种长期存在的超额利润，那么实际投入企业的资金就是衡量其价值的最好依据。其次，对于很多行业来说，收益的波动幅度导致某一年度的收益记录很难作为其持续盈利能力的合理参照。最后，部分公司可能存在与当期收益无关的大额资产。

案例：钢铁行业的EV/IC(企业价值/投资资本)指标

钢铁行业是一个典型的周期性行业。2008年，金融危机的影响使已饱受铁矿石价格上涨困扰的钢铁行业更面临着前所未有的严寒，一些企业甚至关闭了部分设备。滞销、价格跳水、减产成为业内人士挂在嘴边的常见字眼。许多证券分析师在惊呼最困难时刻远未来临、调整将持续2~3年的同时，纷纷调低了钢企的盈利预测和投资评级。事实上，对于周期性行业来说，回报水平下降是其运行中的一个必经阶段，那些只是被临时关闭的高炉及其他设施，虽然还会有折旧和维护等费用入账，但它们依然是一项有效资产而非负债。随着行业好转它们将被重新投入生产，其盈利能力显而易见。着眼于短期收益的波动就无法对资产的长期盈利能力做出合理判断，而那些所谓的拐点预测也鲜有真正有价值的内容可言。

此时，以资产为基础的EV/IC指标就能起到较好的参照作用。EV为企业价值，即股票市值与付息债务价值的合计，代表了企业的资产价值；IC为投资资本，即企业股东投资与付息债务账面价值的合计，代表了企业实际使用的资金总和。

根据 ValueTool 企业绩效数据库对 26 家普钢类上市公司的统计，2002～2006 年这些公司 EV/IC 的平均值为 1.32，市值大幅走高的 2007 年这一比例为 2.60。随之大部分公司的市值跌去 70%以上，钢铁行业 EV/IC 的平均水平也恢复到 1.22。所有这些公司 2002～2007 年 6 年里 EV/IC 最低值为 0.78，出现在 2005 年。在这个典型的资本密集、产品高度同质因而回报水平近似的行业里，EV/IC 指标的指导性意义非常明显。典型企业的 EV/IC 指标见表 3-2。

在以账面资产作为企业内在价值的重要参照时，不仅要关注账面价值的量，同时也要关注账面价值的内在构成。这似乎是一个不言而喻的逻辑，但在现实投资中这一点却常常被忽视。在对 PB、EV/IC 等估值指标的使用中，很少有人会对其资产构成进行更进一步的分析。就像是去市场上买一个果篮，篮中水果的品种显然是影响该果篮价格的最主要因素。

表 3-2 普钢类上市公司 EV/IC 统计

股票代码	公司名称	2002	2003	2004	2005	2006	2007
600019	宝钢股份	1.46	2.02	1.62	0.98	1.60	2.52
000898	鞍钢股份	1.19	1.66	1.53	1.03	1.60	3.15
600005	武钢股份	1.96	2.83	1.63	1.03	1.91	3.76
000932	华菱管线	1.52	1.49	1.05	1.08	0.97	1.55
600001	邯郸钢铁	1.11	1.11	0.93	0.90	1.08	1.68
600126	杭钢股份	1.85	2.00	1.34	0.89	0.89	1.74
600808	马钢股份	1.53	1.72	1.35	0.96	1.21	1.89
000717	韶钢松山	1.15	1.72	1.13	0.82	0.95	1.92
600102	莱钢股份	1.34	1.34	1.12	0.93	1.02	2.00
600894	广钢股份	1.94	2.15	1.50	1.08	1.16	2.31
000761	本钢板材	1.35	1.35	1.08	0.93	1.04	2.33
600231	凌钢股份	1.72	2.25	1.45	0.92	1.01	2.35
000959	首钢股份	1.96	1.74	1.30	0.97	1.16	2.37
600010	包钢股份	1.29	1.31	1.04	0.99	1.27	2.68
000825	太钢不锈	1.37	1.51	1.16	0.92	1.83	2.76
600282	南钢股份	1.45	1.61	1.21	0.87	1.02	3.05
000709	唐钢股份	1.17	1.23	0.99	0.82	1.21	3.06

案例：券商类上市公司的资产结构及估值影响

在众多上市公司要为融资投向而大费脑筋时，券商类公司却很洒脱，一句“补充公司营运资金，增强公司经营实力和抗风险能力”基本就可以轻松过关，所谓的具体运用也不过寥寥几笔，并没有什么实质性内容。但从券商的业务构成来看，营运资本补充的方向对于判断券商股的价值却具有本质性的影响。

虽然均与证券投资相关，但券商各业务板块和证券投资的实际关系却大相径庭。经纪业务、资产管理业务和投资银行业务本质上属于服务业，是帮助其他人进行投资的业务，而证券投资业务、直投等其他业务却是运用自己的资金进行投资的业务。两类业务的风险和收益特征显然完全不同，如果套用资本市场的一个通俗比喻，前一种业务相当于赌场服务，而后一种业务相当于自己亲自参赌。除了各个券商的相对竞争力因素外，前一种业务的兴衰取决于资本市场的人气，而后一种业务则更多地取决于自己的手气。

虽然资本市场上的人气波动剧烈，但与证券投资相关的服务却总体上收益颇丰，这也是绝大部分券商股的青睐者做出投资判断的基础原因。这一点也在券商年报的分部报告中得到了充分印证。中信证券(600030)经纪业务的净资产税前利润率在2007年为257%，2008年为136%，2009年为76%；招商证券(600999)2008年和2009年的同口径指标分别为103%和94%。相比之下自有投资业务的表现则差强人意，中信证券自有投资业务在2007~2009年3年中的最高净资产营业利润率也只有14%，而招商证券则在最近两年表现为亏损。由于这类业务中的其他项很难被明确定义，也可能是总部成本没有被分摊到各个业务而造成其收益水平的低估，因此我们仅具体分析其中的证券投资业务。

证券投资即为自营业务，由证券公司以自有资金买卖有价证券并自行承担风险和收益。在2007年的牛市中，中信证券的自营业务取得了33%的净资产营业利润率，2008年、2009年则分别为4%和7%；招商证券在2008年和2009年的该比率分别为6%和2%。这两家券商自营业务的收益水平总体上高于市场指数的变化，但与此项业务所承担的巨大风险相比，其回报水平并不突出。

然而，从国内券商现有的资本分配来看，高回报低风险的服务性业务所占用的资本比例很低，券商的绝大部分净资产均被投入高风险低回报的投资类业务。即便是在2009年的最高年份，中信证券经纪、投资银行以及资产管理三项业务所占用的净资产之和占公司净资产的比重也没有超过20%，而招商证券2009年上市融资的绝大部分资金都投入到了证券自营业务，上述三项服务类业务占净资产的比例也下降至20%。因为上述两类业务的差异巨大，不对资产性质进行区别分析就很难对券商类上市公司的内在价值做出合理的判断。

2010年6月中信证券受监管要求而做出的两笔股权转让极大地影响了资金在两类业务板块间分配，因而也必然引起了市场的强烈反应。其不得不转让的华夏基金及中信建投证券的股权均属于回报水平较高的证券服务范畴，2009年这两部分股权对应的净利润为19.4亿元，约为中信证券当年归属母公司净利润的22%，而所得的资金将很可能投入到回报较差风险较高的证券投资业务。不过按照中信证券2010年底已跌落至11.50元/股左右的市场价格水平，这种反应或许也有些过度。因为考虑到股权转让所造成的证券服务板块净利润减少以及证券投资板块净资产的增加，即便按照公司股权转让所对应的约7倍PE以及2007～2009年以来证券服务业务最低的净利润水平测算证券服务板块的价值，而投资类业务按照其资产账面价值估算，其估值水平也约为当前市场价格的80%。

图3-1　2010年年底以来中信证券股价走势图

（注：为前复权股价）

除了公司常规业务所对应的资产构成外，公司还常常持有与日常业务无关的若干资产，这些资产很可能并不在损益表上体现收益，但它们却是公司价值的重要影响因素，此类资产包括超额现金、证券投资、闲置土地等等。如果这部分资产数量较大，忽视资产构成必然会造成对企业价值的错误估计。

案例：南京高科(600064)的可供出售金融资产

南京高科(600064)的实际控制人为南京市国资委，主营业务包括房地产、热电、市政基础设施承建、土地成片开发转让、制药以及园区服务。但该公司最吸引眼球的还是其对多家上市公司的投资。其中包括中信证券(600030)、科学城(000975)、栖霞建设(600533)以及南京银行(601009)。这些资产都在可供出售的金融资产科目中核算。

按照新会计准则，可供出售金融资产以公允价值计量，该资产公允价值的变动也不确认投资收益，而是反映为所有者权益的增加，只有在资产出售时，资产的增值部分才确认投资收益。2008 年底的公司股票价格为 9.3 元/股，对应的股权市值为 32 亿元，其资产负债表上可供出售金融资产的价值就达到了 33.58 亿元。

在彼得•林奇的投资法则中有一个重要指标——现金头寸。简单地说就是企业持有的现金会对股价形成一个坚实支撑，每股现金在股价中的比例越大，相当于投资者购买股票的折扣就越多。如果出现每股现金大于股价的公司，换句话说，当你花 1 元钱购买股票的时候，你就拥有了高于 1 元的现金外加一个上市公司。

上述分析的原理实际上就是基于资产构成中现金对企业估值的影响。但与可供出售金融资产不同，现金并不完全独立于企业日常运营之外，因此，在做出上述判断时必须更为谨慎。原则上讲，只有企业的超额现金才会对投资形成真正的安全边际，即那些即使分配也不会影响企业正常运营的现金。凡是企业营运必需的现金，都是其未来收益的必备条件，其价值已经包含于那部分扣除现金后的剩余股价之中了。不考虑这一点，单纯的计算每股现金很可能造成对安全边际的错误高估。这也是为什么彼得•林奇使用的现金头寸都是现金扣除长期债务后的余额，并同时假设企业的流动资产足以弥补流动负债。

案例：A股上市公司每股现金与股价的比例

2008年底，A股市场十分低迷。以2008年第3季度季报与2008年11月6日的股价测算，A股上市公司中共有13家公司每股账面现金高于股价，排名第一的为中材国际(600970)，账面现金达到股价的2.3倍之多；排名第二、第三位的分别为友谊股份(600827)和广船国际(600685)，每股现金分别为股价的1.97倍和1.63倍。但上述三家公司的PB指标却都大于1，分别为4.9、1.3和2.0倍，换句话说，现金的总额都大于当期的净资产。如果将其用于分配，将导致企业的资产负债比例恶化，形成资不抵债的状况。因此这些现金都还远不属于超额现金。

企业营运必须保有多少现金并不存在一个统一的标准，这和企业的规模、现金管理水平以及所在行业的特性息息相关，行业之间的差异可能极大。为了对A股公司做一个全局性的描述，如果简单按照流动资产大于流动负债后的余额来确定超额现金的数量，并要求超额现金必须大于净资产。在这一标准下，A股公司中每股超额现金大于股价的公司仅有一家，为辽通化工(000059)，该比例在50%以上的公司有32家，而中材国际已经名落孙山，每股超额现金只有股价的8%。

在上述每股超额现金相当于对股价打了五折以上的公司中，相当一部分都是高负债公司，辽通化工(000059)、金地集团(600383)、香江控股(600162)的付息债务分别为权益的1.51倍、1.78倍和1.76倍，而另一些公司如天音控股(000829)则明显属于经营必须具备大量现金的公司。可见，要真正做出一个合理的投资决策绝非易事。但这个指标还是提供了一个筛选潜在投资对象的很好视角。

最后，资产的账面价值以及其内部构成并不能取代完整的估值分析，对企业价值的最终估计还是要回到自由现金流的基本原理上。资产账面价值及其构成只是分析、补充、验证自由现金流分析的一个角度。正如彼得•林奇在使用上述指标时还同时强调了企业对现金进行有效运用的能力以及公司的其他基本面状况。因为可以分配并不等于会被立刻分配，如果一个企业总是有盲目投资的冲动，那么这部分现金的价值也将大打折扣。而企业的经营状况则决定了扣除现金之外的股价部分是否真的物有所值。

清算价值是评估资产价值的另一视角，这也属于资产负债表分析的范畴。清算价值指公司放弃继续经营时股东从各类资产分批出售中获得的资金。理论上讲，清算价值是股价的“地板价”。当股票价格较长时间低于清算价值时，放弃继续经营进行清算对股东来说是有利的。这一过程有可能通过外力来完成，即当股价跌到清算价值之下，公司将成为一个有吸引力的被收购目标，企业收购者将发现购买这种公司足够股份取得控制权并对企业进行清算十分有利可图。例如，有分析员对百货业的大商股份(600694)按照其持有地产的净现值作为公司股价的底线，这可以视为大商股份放弃所有百货业务而进行清算时所对应的价值。

但正如格雷厄姆在《证券分析》第四十四章“清算价值的意义”中所讲，“这已经超出了证券分析的狭小范围”，“要回答这个问题，我们将面临美国金融界最扑朔迷离的现象之一——股东与企业之间的关系”。格雷厄姆所说的这种关系，是指在现实的世界里，对一家上市公司进行清算是很困难的，即使该公司股价较长时间低于清算价值。这种关系在中国则可能更为扭曲。在现有的公司治理和股权结构下，清算几乎没有一点可能，既然一家典型的上市公司无意进行清算，清算价值也就随之丧失了其应有的底线意义。而且，购买这类公司的股票存在持续亏损导致资产流失这一重大的不确定性。在A股市场存在大量国有控股上市公司的这一现状下，即使出现股价低于清算价值的情况，投资者也应该警惕因无法取得控制权进行清算，进而导致冰棍在阳光下快速融化的风险。

在计算一个企业的清算价值时，一般做如下假设：负债总是确定要还的，即所有负债都应该以账面值扣除，而资产则因其性质不同，各类资产的清算价值相对于账面值的比重差别很大。例如，格雷厄姆在《证券分析》中关于清算价值的经验数据是：现金资产清算价值占账面价值的比例为100%，应收账款的该比例分别为80%，存货和固定资产则分别为2/3与20%。

第二节 掺水与缩水

大约一代人以前，当投资者通过分析资产负债表来确定他们持有的股票所依托的资产净值时，这个净值往往通过将固定资产按照远高于其真实成本的价值入账而被人为地高估了。以平价发行的融资证券的价值因此而得以相应地高估。这种做法被称为“股票掺水”，在当时是最为华尔街所不齿的一种行径。

“股票掺水”一词现在已经从投资者的词典中完全消失了，从财务的角度看，这是一个始料未及的变化。然而风水倒转，战前由于高估财产价值而导致的误导性结果，现在通过与此相反的策略，即低估资产价值，也同样能够获得。抹杀工厂设备的价值，从而消除折旧费用，从而提高报告收益，从而增加股票价值。通过这样一种手法就能够确实增加证券的价值，这实在是一个匪夷所思的想法。但是华尔街却默认了这种异想天开的逻辑；公司的管理者自然不会拒绝这种举手之劳即可使收益表现为之改观的方法。

——《证券分析》第三十五章 从投资者角度考虑的摊销费用

传说有一个叫德鲁的人，他靠贩卖牲畜起家。有一次他突然想到了一个赚钱的好主意，即在头天晚上给牲畜吃很多盐，但一直不给它们水喝。次日早上渴极了的牲口都会狂喝几加仑的水，然后德鲁迅速把它们赶到纽约，在那里把它们按斤论两地卖给屠夫。股票掺水的典故便来源于此。缩水与掺水在形式上正好相反，但本质完全相同，其结果都是使资产负债表数据出现严重扭曲，进而混淆或者误导投资者对公司资产负债的判断。

尽管随着会计体系的不断完善，会计准则对很多人为的掺水方式都有一定的规避。例如，我国会计准则规定，只有成本能够可靠计量的无形资产才能被确认入账。但掺水与缩水事件依然屡见不鲜。因此，在投资者对企业的资产负债状况进行分析时，一定要对上述状况严加防范。作为外部人，投资者没有条件对企业各项资产负债的真实价值做出精确衡量，事实上这种衡量也没有必要。投资者只要把握住基本面分析的核心准则，即回到企业的商业本质上去，从工商业的角度去审视企业资产负债，而不是仅仅局限于会计数据。那么判断企业资产所存在的严重掺水和缩水也并不困难。

掺水的“商标”

一般来说拥有客观市场价格的资产发生掺水的情况较少，而那些必须依靠评估值入账的资产，由于人为操作的空间较大，因而也成为资产掺水的重灾区。如在财产入股或增资时高估现有资产的价值、以无形的声誉、技术、管理、商标入股等。

案例：A股公司商标权掺水大观

通常情况下，自有商标并不符合会计准则关于资产化的要求，企业不能将商标进行评估后计入公司资产，但在A股公司典型的“母公司—上市公司”的架构之下，绕开上述规定利用商标权进行掺水却时有发生。

在母公司—上市公司的典型架构下，许多公司上市时只拥有资产，其产品所使用的核心商标的所有权则属于母公司，只是由母公司承诺其无偿使用或者仅仅支付很少量的使用费。当上市公司通过交易获得该商标权时，便形成一项无形资产。根据ValueTool公司绩效数据库，我们筛选出了以商标权为无形资产主要构成的前十大A股上市公司。见表3-3(单位：亿元)。

表 3-3 以商标权为无形资产主要构成的前十大 A 股上市公司

股票代码	公司名称	年份	金额	占总资产	收购对价	关联交易	免费使用
000504	赛迪传媒	2007	1.0	15.1%	应收债权、长期股权投资	是	是
600074	中达股份	2007	5.3	11.3%	应收债权	是	是
600336	澳柯玛	2007	2.6	9.9%	应收债权	是	是
600839	四川长虹	2006	13.8	8.3%	存货、应收账款	是	是
600203	福日电子	2004	0.9	5.7%	应收债权	是	收入 0.8%
000910	大亚科技	2005	1.8	5.2%	现金、增资	是	是
600057	夏新电子	2004	1.5	3.5%	现金	是	收入 0.8%
600130	波导股份	2004	1.5	2.9%	现金	是	是
000707	双环科技	2006	0.7	2.8%	现金	是	200 万
000404	华意压缩	2006	0.2	1.1%	应收债权	是	是

虽然这些商标权中涉及到了大家熟知的“长虹”、“澳柯玛”、“夏新”等品牌，也不能否认这些品牌确实具有相当的价值。但品牌的价值往往是和具体的资产、产品、公司以及管理层密不可分的，而且这些企业本来一直是这些商标的实际使用者，它们花高价买入的商标中的大多数在购买之前是免费使用的，现在将其重新作价、买卖并入账不仅不存在现实的逻辑基础，更扭曲了财务数据对企业真实经营能力的反映。

很难想象四川长虹与“长虹”商标各自分离的局面，也很难想象其他企业会花费 13.8 亿元去购买“长虹”商标。无论商标的所有权在当初被谁拥有，商标和其他所有的生产要素都是一个完整的整体，一旦分离就很可能变得毫无价值。而且，如果“长虹”商标可以在资产负债表中占有相当一席，那么“万科”、“招商银行”、“茅台”等等是不是也都应该依此类推呢？实际上哪一家公司又没有商标呢？显然这种单独的商标权买卖属于一种完全的资产掺水，在独立的市场经济主体之间基本不会发生。这也是为什么上述十宗商标权买卖全部为关联交易的原因。

正如格雷厄姆所说，这的确是一种匪夷所思的现象。那么掺水的动机又是什么呢？在上述十宗商标权买卖中，有四宗是以现金支付对价的，最典型的有夏新电子(600057)和波导股份(600130)，它们分别以 1.5 亿元现金从母公司购买了相关的商标，其中波导股份之前的商标是无偿使用的。有趣的是这两笔交易有着惊人的相似。它们的交易时间都是2004年，而2003年都是它们业绩的顶峰，从2004年开始它们的业绩开始明显下降，两家公司都是2005年和2007年巨亏，2006年微利。夏新电子2004年当年的净利润仅为2003年的2%。这样的交易显然具有明显的大股东转移利润的特征。

在其他交易中上市公司都是以应收债权、应收账款、存货以及其他资产支付对价的。事实上这类资产掺水更重要的目的在于掩盖一个事实，那就是置换出的资产很可能已经一钱不值。如果按照正常的会计处理对这些资产价值进行减记，那毫无疑问是对损益表和资产负债表的巨大打击。例如排名第一的赛迪传媒(000504)，在2007年以公司及下属子公司分别拥有的应收账款和其他应收款以及长期股权投资与赛迪集团的商标权进行置换，新增商标权1.03亿元，占公司总资产的15%。如果这1.03亿元全额计提减值准备，其净资产将缩水23%，而这一损失是其当年税前利润的22倍。这种掺水将对财务信息产生极大的扭曲，影响投资者对公司真实盈利能力的合理判断，而如果这些应收债权和应收账款又和关联方有着千丝万缕的联系，那就不只是混淆视听那么简单了。

“其他”玄机

除无形资产外，在资产负债表上，还有一类以“其他”开头的科目，这些科目就像是个大筐，收录了企业那些无法明确归类的经济活动。一般来说，这些科目涉及的金额都比较小，因此在财务分析以及绩效预测中常常做简化处理，将其视为普通的流动资产或者流动负债，甚至忽略不计。但当一些公司中这些“其他”项从配角变身为主角，其绝对金额已经在总资产中占据相当比重时，就需要我们睁大双眼，仔细端详其背后的玄机了。如果这些其他项又是由关联交易产生的，而且无法提供合理的理由，那么其掺水的可能性就大大增加了。

案例：国药科技(600421)的其他应收款

根据 ValueTool 公司绩效数据库，截止 2007 年底的 1389 家非金融类上市公司中，2007 年“其他应收款”占总资产的比例大于 10%的公司有 70 家，大于 15%的公司 23 家，其中有 8 家公司在最近的 4 年均大于 15%，国药科技(600421)位居榜首。

国药科技的其他应收款主要是关联方占款。位居第二的 S 三九(000999)也属于这种情况。从 2004 年开始，国药科技其他应收款就以惊人的速度不断攀升，从 2003 年的 2200 万到 2006 年的 2.28 亿，3 年增长了 10 倍多，而从 2005 年开始，以其他应收款而计提的资产减值损失也开始迅速上涨，2005 年 442 万，2006 年近 1500 万，到 2007 年问题大规模爆发，资产减值达到 3.48 亿，企业进入崩溃边缘。

2008 年基本上是 2007 年的延续，为此会计师出具了保留意见的会计报告：“国药科技公司 2008 年 12 月 31 日的应收账款及其他应收款账面余额 619,050,120.87 元，已计提坏账准备 615,537,279.83 元，账面价值 3,512,841.04 元，账面价值占资产总额的 4.45%；应付账款及其他应付款 19,223,861.69 元，占负债总额 5.31%。由于无法实施函证等必要的审计程序，我们无法获取充分、适当的审计证据以证明上述债权债务的真实性、债权的可收回程度及计提坏账准备的合理性”。

一般来说，当关联方占款在财务报表中大量体现时，该公司往往已经病入膏肓，这些东西表面上虽为资产，实质上更可能是损失，资金已经转移，公司已被掏空，对于那些其他应收款发生不正常变化而公司又没有披露其详情时，一定要引起足够注意，这种情况也可能在应收账款中按照同样的逻辑发生。

商誉虚实

在 2008 年开始实施的新会计准则中，产生了一个新的资产类型——商誉。简单地说，商誉产生于企业的收购活动。在收购活动中，企业首先面对的是被收购资产的账面净值，其次要对该资产的公允价值进行评估，并按照评估结果重新记录该资产的账面价值，而其支付的价格超过评估增值，即会计上所说的“被购买方可辨认净资产公允价值份额”的部分，将被确认为商誉。作为一项特殊的资产，商誉并不像其他长期资产一样需要重置，所以在财务上也并不对商誉计提摊销，只是在年底进行减值测试，以确认该资产是否还真的具有如此价值。因此，一方面商誉似乎没有明确的指向，并不对应某一项具体的实物甚至是权利，而另一方面企业又的确为此支付了真金白银。

对于商誉的判断并不像之前的商标权掺水那样一目了然。按照商誉在会计上产生的基本逻辑，商誉资产显然代表了被收购公司未来创造的经济利益中超过其有形资产价值的部分，因此对商誉合理性的判断，其本质就在于对并购价格合理性的判断。如果收购价格合理，商誉显然也就货真价实。反之则属于注水资产。在《巴菲特致股东的信》中有对商誉的专门讨论。巴菲特将商誉分为经济商誉和会计商誉，之间的区别在于按照当时的会计准则，会计商誉需要年度摊销，而且不能在税前扣除。在当前的会计准则下，这种区别已经不复存在，因此我们可以将其同等对待。对于这一主题，巴菲特说：

因此我们的第一堂课是：如果我们能够希望公司在有形资产净值基础上以大大超过市场的回报率产生利润，那么在逻辑上这些公司比其有形资产净值值钱得多。这种超额回报的资本化价值就是经济商誉。

——《巴菲特致股东的信》第六章 会计与估值

而且，正如巴菲特所说，这种资产还会“以不规则但却非常稳固的方式增加”，换句话说，它的价值不会随着时间减少，反而会不断增值。由于不需要重置，“在通胀时期，商誉是不断给予的礼物”。当然，所有这些仅仅对那些价格合理的收购兼并才适用，如果一个企业有强大的收购兼并能力，其资产负债表上的商誉完全可以看做是其核心竞争优势的一部分。但必须注意的是，这种情况发生的概率很小，大多数商誉的产生很可能恰恰相反。正如巴菲特所说：

但是，这种说法自然只用于真正的经济商誉。假会计商誉——周围到处都是——是另一回事。如果过于兴奋的管理人员以荒谬的价格收购了一家企业，我们就能注意到前面描绘的相同的会计细节。因为这种荒谬的价格去不了别处，所以最终只能反映在商誉账户中。考虑到创造这个账户的管理纪律之匮乏，因此在这种条件下这个账户最好标成“无目的(No-will)”。无论用什么名词，40年的惯例有目共睹，而且大大资本化的肾上腺素仍然作为一项“资产”留在账簿中，就好像收购很明智一样。

——《巴菲特致股东的信》第六章 会计与估值

如果一旦商誉所代表的经济利益已经不复存在，从会计上讲要对该资产计提减值，在新会计准则下，商誉的减值一经计提不得冲回，这基本上断绝了企业通过该项操作操纵会计利润的可能。但减值的数额是一项会计估计，通常由评估公司与上市公司共同确定，基本上没有任何参考意义。

案例：赛迪传媒(000504)的商誉减值

2008年赛迪传媒(000504)计提资产减值损失1.35亿元，占当年营业收入的68%。按照公司公告，公司在当年年底委托资产评估公司对子公司北京赛迪经纬文化传播有限公司全部股东权益进行评估，并按照评估结果与账面净资产的差额，对形成该股权投资时支付溢价造成的商誉计提减值近8300万元，从而使该部分商誉的累计减值达到1.39亿元。对商誉的减值处理基于管理层对商誉对应资产未来盈利能力下降的判断，“预测确定净现金流量，采用收益现值法”是上述评估过程中的主要方法。该项收购实际上发生于2000年，财务报告中赛迪经纬的名称在当时为北京中计报投资有限公司，而在原会计准则下，收购溢价以长期股权投资差额的形式出现，并在约定的年限中进行摊销。

如果赛迪传媒的股东对于上述收购的合理性有正确的认识，那么商誉资产的掺水行为应该早就可以判断，而当其大额计提减值时也不会惊慌失措，因为这只不过是将之前对企业预期盈利能力的判断显性化了，这种显性化本身并不会对价值判断产生任何实质性的影响。

对于A股市场来说，随着新会计准则的实施和企业兼并收购活动的加强，商誉膨胀已经成为很多企业资产负债表的一个重要特征。当前这种趋势更多地出现在有形资产投入较少的知识或者服务密集型行业中。由于这类公司属于轻资产公司，因此在兼并收购中产生较大的商誉也属正常。例如，2010年6月18日，用友软件(600588)发布收购资产公告，公司以4.9亿元收购上海英孚思为信息科技股份有限公司100%的股权，截止2009年底，该公司归属母公司的所有者权益为1.06亿元，这意味着用友软件商誉资产的数额将继续膨胀，其占公司投资资本的比重将达到30%。不过在判断这类公司价值时，资产的重要性本来就不强，因此对资产是否掺水的判断也显得不是十分紧要。但一些资本密集型公司，如美的电器(000527)、中联重科(000157)，其2009年商誉占投资资本比例也大于10%时就值得重点关注了。

如果资产掺水，如PB、ROE等与资产相关的指标显然都会失真。但无论收购价格合理与否，商誉都会对以资产为基础的指标以及这些指标间的横向和纵向比较产生较大影响。因为商誉的产生造成了一种结果，即资产负债表所显示的数额已经不再是该项生意本身所需要的原始投入了，这将会对一系列指标的经济内涵以及变化特征产生影响。例如，一个具体项目的报表回报率将在很大程度上受项目来源的影响，正常情况下，收购项目的报表回报率会由于收购溢价而较自建项目低很多。虽然包含商誉口径的回报率的确也反映了企业当前实际的资金使用效率，但在纵向和横向对比方面却存在很大缺陷。而本来意在衡量企业原始投入与市场价格之间比例关系的PB指标，由于B已经偏离了企业在经营性资产上的资金投入量这一基本内涵，PB指标的参考意义就会下降。

从基本面投资者的角度来说，企业在商誉方面的投资已然是一项沉没成本，对于企业的未来并不会发生任何影响。如，当收购项目本身开始产生内生增长时，资本投入的回报水平将更接近于其历史的实际经营绩效水平，这必须依靠剔除商誉影响的回报率口径进行衡量。因此在估值实践中，通常按照包含商誉和剔除商誉两种口径同时计算上述指标，以反映企业不同方面的经济特征。

商誉中存在的现象在发生资产评估增值时同样存在。

案例：长江电力(600900)的最低PB

2009年底长江电力(600900)的PB指标已接近5年最低水平，这在所有上市5年以上的A股公司中排名第一，但由此却不能直接得出公司已经接近历史最低估值水平的结论，因为在2009年5月长江电力收购母公司水电资产，该资产的账面值为838亿元，而当时的评估价值为1075亿元，增值28%。上述增值以评估增值的形式出现，并不形成商誉，但其与商誉对PB的影响逻辑是相同的。

因此，凡是当会计记录与评估公司结果相关联时，投资者都必须小心视之。

理解递延所得税

不管怎样，上述资产总体上还都与企业的日常经营活动相关，在基本面分析中理解起来相对容易，但递延所得税资产和负债就不那么简单了，单纯从会计处理方式来说就比较复杂，要理解其对企业基本面的影响就更不容易了。2007年以前，在大部分上市公司资产负债表上可能都还找不到这一科目，因为当时绝大多数公司执行的都是应付税款法，在新会计准则将所得税的处理统一为资产负债表债务法后，这一科目才全面出现。

简单地说，所谓应付税款法就是在损益表的所得税中只记录当期实际应该缴纳的所得税，而在资产负债表上不做任何处理。由于会计记录与税法规定的计税基础间很可能存在一些暂时性差异。以资产减值损失为例，在计提当期企业的会计利润会减少，但该损失却不能抵减所得税，这时企业实际上拥有一个在未来，或者说在该损失真正发生时抵减所得税的权利。在应付税款法下财务报表并没有确切的披露这一权利，因而形成了一项表外资产，如果不是对企业有着相当程度的了解，投资者很难对此做出一个合理的判断。而在新准则下要求企业需将上述权利作为递延所得税资产进行明确记录。虽然这项权利在资产负债表中得到了明确记录，但当企业行使该项权利时，费用抵减的好处却并不像在应付税款法下直接体现于损益表的净利润上，而是表现为企业实际现金税收的减少。

案例：递延所得税资产示范

以资产减值损失为例，如果企业每年有100万的收入，第一年计提了100万的资产减值损失，第二年该损失真实发生，所得税率为25%，按照税法要求，企业在第一年有25万元的所得税现金流出。在应付税款法下，损益表第一年的所得税为25万，而第二年为0，因为这时损益表只记录实际应该缴纳的所得税。而在新准则下，第一年损益表的所得税为0，除了应该缴纳的25万所得税以外，企业还要记录25万的递延所得税资产，同时冲减了25万的所得税费用。第二年则正好相反，企业应缴纳的所得税为0，但由于减记25万的递延所得税资产，企业损益表的所得税为25万。

抛开会计定义，我们可以简单地将递延所得税理解为：由某些特定原因而形成的企业与税收机关间的债权债务关系。但这种关系存在两个特点，首先它并不像平时我们印象中的债权债务关系那样确定，而是随着形成因素的变化而并不断调整；其次，这些债权债务的产生、履行或者变化均体现为企业当期所得税费用的增加或者减少。上述特定原因被称为暂时性差异，即企业按照会计口径所测算的应交所得税与税务机关实际核准的应交所得税之间的差额，这个差额将在未来年度以相反的方向补回。

递延所得税对企业内在价值的影响可以从以下3个角度来思考。首先，递延所得税资产和负债代表了一种现实的而绝不是虚无的权利或者义务，它反映了未来将流入或者流出企业的经济利益；其次，上述经济利益的流出和流入并不表现为未来年度所得税费用的减少或者增加，而是表现为基于未来绩效假设下所得税额中实际缴纳所得税金额的变化，换句话说只有从现金流的角度才能洞悉其真实影响；第三，这种经济利益最终是否能真的流出或者流入还取决于产生递延所得税的各种因素的未来变化。

例如，递延所得税资产产生的原因一般为历史上已经确认的坏账损失、存货减值、历史亏损等。虽然这些损失都非常惨痛，但过去的毕竟已经过去了，对于一个正准备进入的新投资者来说，原有投资人在之前承受的这些痛苦却恰恰可能在未来提供了一个不错的利基。以2007年数据为基准，Value-Tool公司绩效数据库1400家非金融类上市公司中，递延所得税资产占公司2002～2007年最大税前利润比例超过50%的公司有44家，大于100%的8家。如果假设现有的递延所得税资产将在未来5年均匀转回，100%的比例意味着在这一税前利润水平下企业这5年里每年的自由现金流都会有相当于净利润27%的增幅。当然，如果当年的损失不复存在，或者已经被追回，那么这项权利也就随之消失。

案例：中国远洋(601919)的递延所得税资产

2008年中国远洋(601919)由于海运价格大幅度下跌，使此前签订的租入船合同和租出船合同有可能成为亏损合同，公司将可能产生的亏损确认为预计负债，同时公司在交易性金融负债科目中核算的远期运费协议(FFA)的公允价值增加。由于这两者的显著影响，公司的递延所得税资产骤升至29亿元。但由于当年海运价格处于历史低点，未来反弹的可能性极大，因此上述会计估计很可能都不会变成现实。随着运价的上升，上述预计负债和交易性金融资产的公允价值也将随之下降，由此产生的递延所得税资产当然也就会逐渐减少甚至消失。

在估值实践中，一般会将递延所得税负债与资产的差额作为所有者权益的调整项处理，因为在大部分情况下，它代表了没有反映在所有者权益中但仍由企业实际运用的资金，这样能更合理地反映企业的实际资金使用效率。对于金额较小的递延所得税可以忽略或者简化处理。

第三节 杠杆的秘密

在此重复一下我们在寻找什么样的公司…… (3) 在少量举债或者不举债时，公司的净资产收益状况良好。

——《巴菲特致股东的信》第五章 兼并与收购

财务杠杆是资产负债表分析的另一个重要视角。作为富达基金继彼得•林奇之后最有影响力的基金经理——波顿在接受国内媒体采访时曾这样描述资产负债表分析，“最经常让我蒙受损失的原因，往往就是资产负债表。资产负债表是我认为最重要的报表……如果不能完整地了解资产负债表，你就无法准确知道这家公司究竟借了多少钱，更无法知道它现在究竟有多么危险”。

所谓杠杆就是指利用别人的资源来撬动自己的收益，其间的要诀在于资本运作的实际收益与支付的资源使用成本之间的差额。该差额使自有投资或者享受一块超额收益，或者不得不承担一部分额外损失。由于资源的使用成本一般都表现为一种刚性支出，对财务杠杆的使用经常导致企业抗波动能力的下降，并由此产生对未来现金流的较大压力。因此，财务杠杆一方面可以迅速扩大生产经营规模，放大股东回报水平；但同时股东风险也被成倍放大，微小的损失即可能带来巨大的灾难。

强大和稳健的资产负债表是优秀企业追求的目标，更是企业持续稳健发展的坚实基础，长期以来，对于如何确定企业最优的财务杠杆水平一直未有定论，但有一点却是肯定的，无论是对于债权人还是股东，过高的财务杠杆始终是有害的。你可以运用它像阿基米德一样撬动地球，当然你也要做好有一天被它撬出宇宙的准备。正如巴菲特所说：

负债的信徒曾向我们保证，这种崩溃不会发生；我们被告知，巨大的债务将使营运管理人员前所未有的关注他们努力的成果，好像人们期望一把镶嵌在轿车方向盘上的匕首可以使其驾驶员极为谨慎的行驶一样。我们承认，这样的一种注意力集中装置会产生非常警觉的驾驶员，但是，如果轿车撞上甚至是最小的坑洞或者薄冰，那么另一个确定的后果将是致命的——而且是不必要的——事故。公司的道路上到处都是坑洞，一种要求躲避所有坑洞的计划是一种彻底失败的计划。

——《巴菲特致股东的信》第三章 普通股的替代品

资产负债率一般是衡量企业杠杆水平的最常用指标，但由于诸如应付科目等无息流动负债更多的属于经营决策(应付票据除外，对该专题的讨论见本书第二章第三节“现金流异化”)，绝大多数都属于企业商业模式的一部分。因此一个更合理反映企业融资杠杆结构的指标为债务权益比，即付息债务(包括银行债务和发行债券)与所有者权益(包括少数股东在内的权益类投资)的比例。

根据 ValueTool 公司绩效数据库，A 股 1389 家非金融类上市公司的平均债务权益比，从 2004 年的 73%逐年下降至 2007 年的 62%(剔除所有者权益为负数的样本)，这一水平与 2003 年基本相当，但仍高于 2002 年 55%的水平。从 2007 年来看，小于 10%的 214 家，部分公司如合肥三洋(600983)、贵州茅台(600519)甚至从不借款。大于 100%的 267 家，有 37 家公司的债务权益比甚至超过 200%。

但基本面分析中对于财务杠杆的认识却不能简单地局限于资产负债率或者债务权益比，以及由此可能带来的偿还风险上。事实上，杠杆的秘密决不仅于此。

基本面分析第一步：去杠杆化

以雷曼、美林等百年机构破产为标志的金融危机被很多人归结为对财务杠杆的疯狂运用，因此“去杠杆化”一度成为金融危机后最流行的词汇之一。实际上，“去杠杆化”也是基本面分析的首要步骤。这一分析过程与其说是一种深入，不如说是一种还原。

从工商业的角度来看，对于任何一项生意首先是要确定其本身的经济特征，如回报水平、现金流状况等，然后再决定其融资结构，比如是自有资金投入，还是使用银行借款。这一过程无论是对于一个小饭馆的开业决策，还是对于一个核电站的开工建设都是一样的。企业的财务报表是所有这些活动的总结，这其中既包含了日常经营活动的影响，同时也包含了企业融资决策的影响。因此，以财务报表数据为出发点进行的基本面分析，首先就要对财务报表数据进行重新整理，将上述两类影响分开，从而真实地反映企业作为一项生意而具有的基本经济特征。

小问题：以下哪一个项目的绩效更优

假设有两个水电站，它们的投资额完全相等，各项经济技术指标如发电量、成本费用率、电价等都完全相同，可以说从项目本身来看没有任何差别。唯一的差别仅在于项目投资的资金来源有所差异，A 项目是 100%的股权资金投入，B 项目有 50%的股权资金投入，剩余的 50%为银行借款。那么一般来说，哪一个项目的净利润更高一些？哪一个项目的 ROE 更高一些？哪一个项目的经营绩效更优一些？

显然，正常情况下，项目本身的回报水平都会高于银行的借款利息，否则杠杆就会起到相反的作用，即放大亏损。因此一般情况下，由于没有利息支出，因此 A 项目的净利润更高，但由于没有杠杆撬动，A 项目的 ROE 会低于 B 项目。由于在假设条件中强调 A、B 两个项目在除资本结构外的其他所有方面完全相同，因此这两个项目的经营绩效是相同的，但这一点在财务数据上并不能得到反映。

从上述案例可知，企业的整体绩效水平是由两个因素共同影响的。一个是企业真正的经营绩效；一个是企业的融资绩效，即通过财务杠杆的撬动作用所影响的绩效。基本面分析的第一步就是剔除财务杠杆的干扰，把握企业真正的经营绩效水平。

案例：冠城大通(600067)的杠杆化 ROE

冠城大通(600067)是一家以房地产和漆包线为核心业务的上市公司，同时其债务权益比也在A股名列前茅。2003～2008年公司的债务权益比均在300%以上，其中2006年和2007年更是超过440%；同时公司的ROE都在17%以上，且变化幅度较大，在2007年一度达到33%。但实际上，从企业运用全部资金，即债权人和股东的全部投资的角度考察，其2007年该公司的投资资本回报率仅为7.6%，这也是2004年以来的最高水平。所以上述绚丽的ROE水平只不过是阿基米德式的杠杆效应，上述高ROE背后实际上隐藏着巨大风险。

在基本面分析实践中，有一系列相当完善的指标以完成“去杠杆化”分析的任务，这些指标在企业财务报告中都少有提到，也不属于传统的会计概念，但它们在估值分析中却相当重要。这类指标包括有投资资本(IC)、息前税后营业利润(NOPLAT)、息税前利润(EBIT)、息税折旧前利润(EBITDA)、投资资本回报率(ROIC)、经济增加值(EVA)等。所有这些指标的共同特点都在于剔除了财务杠杆水平对企业绩效的影响，从不同的角度反映企业作为一项生意本身的绩效状况，也便于不同杠杆水平企业间的绩效比较。关于这些指标的经济内涵及具体计算方法请参照本公司专著《价值评估方法与技术》，这里我们只做简要介绍。

背景知识：IC、NOPLAT、ROIC基本概念

①投资资本(IC)。

指投资者对公司投入的资金总额，或者说公司的经营者所真正使用的资金总额。IC可以从资金来源和资金运用两个方面同时计算，计算结果完全相同。按照资金来源，IC的计算方法如下：

付息债务
+少数股东权益
+递延税款
+所有者权益
=投资资本

其中付息债务包括银行借款、发行的债券等，递延所得税指递延所得税负债与递延所得税资产的差额(具体见本书第三章第二节“掺水与缩水”)。

②息前税后营业利润(NOPLAT)

指公司在没有向债权投资人支付利息前所获取的税后利润，也可以理解为企业在没有任何付息债务情况下的净利润水平。NOPLAT是与IC对应的税后净利润指标。NOPLAT也有两种计算方法，其中一种是从净利润中剔除财务费用的影响，由于财务费用有抵税功能，因而也要做相应调整，具体计算方法如下:

NOPLAT=NI+IntExp×(1-t)+MP+△DefTax

NI——净利润;

IntExp——利息支出;

t——实际所得税率;

MP——少数股东损益;

△DefTax——递延税款。

③投资资本回报率(ROIC)。

ROIC衡量的是企业全部投资资本的运用效率，与ROE对应，只是分子和分母都按照企业实际的资金投入做了调整。具体如下:

$$ROIC=\frac{NOPLAT}{IC}$$

ROIC指标和ROE指标之间可以进行相互换算，ROE与ROIC及企业的杠杆水平间存在确切的逻辑关系，这也是企业的总体绩效由经营绩效和财务杠杆共同决定的一种反映。

基本面分析中的“去杠杆化”并不是对杠杆的全面否定，或者对含杠杆影响因素指标的全面否定，例如，强调ROIC的重要性并不是说ROE就不重要，或者不合理。“去杠杆化”的目的仅仅在于将一个多因素影响的结果分解成若干可以独立分析并更容易理解和把握的单因素影响，这也是分析工作的固有逻辑。此外，在通过“去杠杆化”而对企业的真实经营绩效进行合理把握之后，杠杆及其影响仍然是基本面分析中的重要部分。

杠杆之上的杠杆

从基本面分析的角度，杠杆尤其是高杠杆首先意味着风险。所以一般来说，企业应该将杠杆水平控制在即便是业绩波动也不影响其财务安全的程度。投资者一般通过资产负债率、债务权益比、利息保障倍数等指标来权衡企业财务杠杆的安全程度。但有些时候，通过财务报表所计算出的上述指标却并不可靠。格雷厄姆在《证券分析》中曾经着重强调了利息保障倍数的计算方法，并对其中的优先扣除法进行了严厉的批评。

背景知识：EBIT和利息保障倍数

①息税前利润(EBIT)。

指在不考虑公司付息债务下的税前利润，EBIT可以从营业收入中扣除除财务费用和所得税外的其他成本费用得出，也可以通过营业利润加回财务费用得出。具体计算方法如下：

营业利润

+财务费用

=EBIT

②利息保障倍数。

用于评估企业是否能赚取一定的利润以支付每年固定的利息支出，同时也可以衡量公司的财务缓冲能力，即了解公司在还本付息出现困难之前营业利润下跌的程度有多大。

利息保障倍数 = EBIT / 利息费用

格雷厄姆所严厉批评的优先扣除法是指，计算低级债券的利息保障倍数时会将高级债券的利息从利息总额和收益总额中同时剔除，这里的高级债券是指需要被优先偿还的债券。例如A公司的年收益为140万美元，每年需支付给高级债券的利息是50万美元，支付给低级债券的利息是30万美元，因而高级债券的利息保障倍数为140/50，即2.8倍。那么低级债券的利息保障倍数是多少呢？在优先扣除法下为90/30，等于3倍。难道低级债券比高级债券还有保障，这显然是荒谬的。因此格雷厄姆强调：

> 用这种优先扣除法得出的关于低级债券的计算结果毫无价值可言，并具有误导性，明智的投资者应该拒绝采用这种计算方法得出的结果。
>
> ——《证券分析》第九章 债券投资的具体标准（续）

格雷厄姆所进行的上述分析并不是纯理论和偶然的，同时也并不仅仅局限于对低级债券利息保障倍数的计算。当上市公司的长期股权投资在资产负债表中占据相当比重时，在考察利息保障倍数、债务权益比等涉及债务的指标时都可能会发生同样逻辑的偏差。

从利息保障倍数来看，如果一个企业净利润的很大一部分来自于投资收益(为分析方便，这里均指联营合营企业投资收益)，由于投资收益已经是扣除了被投资企业利息支出之后的净额，因而直接使用利息支出与息税前利润计算的利息保障倍数显然就在无意中遵循了优先扣除法的逻辑。

案例：华侨城(000069)的利息保障倍数

如果单从财务报表直接计算的利息保障倍数来看，银行和股东绝对可以对华侨城(000069)的财务杠杆风险高枕无忧，2007 年和 2008 年该指标分别为 16.4 倍和 9.8 倍。但实际情况是息税前利润的绝大部分是公司合作开发的房地产项目所贡献的投资收益，其比重在上述两年分别达到了 72%和 54%，很显然这些收益均是扣除项目公司利息支出后的净额。如果不考虑这些项目，在息税前利润中剔除投资收益的影响，则利息保障倍数在 2007 年和 2008 年均为 4.6 倍。 当然这种调整方法可能过于严格，更合理的方法是将投资收益所对应的息税前利润与利息支出进行合并处理，但由于上市公司信息披露的限制，我们还无法得到与此对应的相关数据。

发生在损益表的上述逻辑在资产负债表也会同样上演，只不过此时的会计科目转变成了长期股权投资和净资产，对应的指标则变成了债务权益比。从债权人的角度看，公司的净资产是其债权的一种抵押，因此债务权益比越低则说明自身债权的安全性越高。不考虑资产质量等其他因素，这一逻辑显然是合理的，但所有的银行都非常清楚，上述结论成立的一个前提条件是该资产并没有抵押给其他人，但当一个公司的长期股权投资成为净资产的核心组成部分时，这一前提成立的可能性就很值得怀疑了。由于长期股权投资所对应的企业本身很可能也存在大量负债，它们首先是这些债务的抵押品，因此合并报表中的付息债务针对这些抵押品来说实际上已经沦为低级债务，而这种情况下计算的债务权益比也显然是优先扣除法的资产负债表翻版。从股东的角度来看，如此计算的债务权益比也显然低估了企业财务杠杆的运用水平，因而在很大程度上隐藏了企业的财务风险。

根据 ValueTool 公司绩效数据库，在 1573 家非金融类上市公司中，2008 年长期股权投资占所有者权益的比重大于 50%且债务权益比高于 50%的公司共有 39 家，其中长期股权投资占所有者权益比重大于 100%的公司 4 家。这就相当于公司合并报表范围运营资产的资金来源中，股东并没有支付 1 分钱，长期股权投资不仅成功地撬动了被投资企业的杠杆，还成功地撬动了本公司的财务杠杆，这种一石二鸟、一女二嫁的做法显然只有在摒弃格雷厄姆所说的优先扣除法后才能显露事实的真相。

经营租赁杠杆

通常说起财务杠杆时，人们经常想到的是银行借款，再专业或者细心一些的投资者还会想到融资租赁，实际上，还有一类杠杆手段也在被广泛使用，只不过与上两种手段不同，它并不被直接记录于资产负债表中，但它从实质上符合财务杠杆的所有特征，这就是经营性租赁。在一些行业，它甚至已经成为企业最核心的杠杆手段。但这种表外融资手段及其影响在国内的公司分析中却很少有人提及，这在很多时候都导致了对财务比率的极大误读以及对财务风险的严重忽视。实际上，在 70 多年前，格雷厄姆对这一问题已经进行过专门的论述：

长期租赁债务的问题过去一直为金融界人士所漠视，直到 1931 和 1932

年，在先前的经济膨胀期中很多商业公司承租的数额庞大的资产使这些公司不堪重负，这个问题的重要性才猛然被人们认识到。

——《证券分析》第十七章 担保证券（续）

理解经营性租赁的杠杆特征并不困难。和其他杠杆的本质一样，租赁带来的结果依然是借助其他方的资源以实现自己的收益。虽然从资产负债表上看，经营性租赁既不产生资产也不创造负债，无非是在损益表上体现一部分租金。但这些都只不过是财务报表所展示的表面现象。从企业运用的资源总量来看，经营性租赁、融资租赁以及通过银行借款进行购买并不会造成任何实质性的区别，唯一不同的只是资金的提供方。因此，杠杆的特征并没有改变。由于大型资产的经营性租赁一般都是基于一个较长的年限，并含有最低租金等限制性条件，承租方在未来必须承担部分不可撤消的现金支付义务，因此虽然与借钱购买资产相比经营性租赁带来了一定的灵活性，但未来的若干年中财务风险并没有由此降低。经营性租赁的这些特征必须在基本面分析以及估值中被予以充分考虑。正如麦肯锡的《价值评估》中所介绍的：

由经营性租赁资本化所产生的债务应该看做是一项负债等价物。对于某些公司来说，如零售商，经营性租赁会大幅度地提升其负债额。这从侧面说明了为什么一些零售企业，如Gap，即使正式负债很少，信用评级却低于A级。

——《价值评估(第四版)》第七章 历史绩效分析

所有的企业都或多或少存在经营性租赁，但在大部分情况下，相比于企业的整体经营，租赁的重要性都很低，经营性租赁还不足以作为基本面分析的重点。但对于一些特殊的行业，如航空运输、百货零售、酒店等，经营性租赁已经成为其商业模式中最重要的组成部分，经营租赁杠杆问题就不得不被纳入基本面分析的视野。

案例：南方航空(600029)的经营性租赁

2008年4月1日，南方航空(600029)发布公告，公司将变更8架A321飞机的引进方式，由之前的购买改为经营性租赁。公司董事会认为，这种变更“有助于改善本公司资产负债结构，符合本公司和全体股东的最佳利益”。一些分析员更是以“增加经营性租赁，降低财务风险”为题对南航的这种举措做出了点评。

本质上讲，这次变更只不过是南方航空的又一次融资，飞机购买权的受让方，同时也是该资产的租赁方——深圳金融租赁有限公司等扮演的角色和银行也没有太大区别，唯一不同的只是会计上并没有将这一活动记录于南方航空的资产负债表上。在南方航空2007年底所运营的总共332架飞机中有130架为经营性租赁。所以对这次行为一个更合理的理解是南方航空的财务窘境抑或希望粉饰资产负债表的企图，因为按照公司资产负债表数据，南方航空的债务权益比也已经连续3年在400%以上的高位徘徊，在2006年甚至一度超过500%。

鉴于经营性租赁对公司财务风险的重大影响，发达国家和地区的证券交易所都要求企业必须披露重大的经营租赁状况，香港联交所《证券上市规则》第14章《须予公布的交易》第四条规定，企业必须对订立或者终止的重大营业租赁进行披露。像穆迪这样的专业机构都有对经营性租赁的专项研究和详尽的调整办法，以对企业的财务风险做出合理评价。但到目前为止，对经营性租赁的处理还没有一个权威和通行的做法。这一点与格雷厄姆时代并没有太大的改善。

应该承认，对租赁因素在经营中占有重要地位的公司来说，这种因素的干扰给债券或优先股问题的分析增加了额外的麻烦。不幸的是，现在还没有什么新的方法可以提供给投资者，便于他们准确地计算出租赁为这种类型的工业公司所带来的债务，以简化现在这种费力伤神的分析方法。对于以自有财产为主和以租赁资产为主的两类存在未偿还债券的不同公司，我们也无法作出准确的比较。投资者们必须具体问题具体分析。如果某项债务数额甚小(如典型的制造业公司所租用的办公室)，那么这个因素可以忽略而不必深究。但如果租赁所带来的表外债务数额巨大，则投资者要么进行彻底深入的调查分析，要么干脆放弃这样一家公司的证券，而考虑投资于其他较容易展开分析的公司的证券。

——《证券分析》第十七章 担保证券（续）

在基本面分析中，对于经营性租赁的调整主要存在于损益和资产两个方面，损益方面主要是调整租金中的融资成本，资产方面则是将经营性租赁所对应的资金投入进行资本化。相对来说，经营性租赁对损益的影响要远远小于对资产负债的影响，因此经营性租赁的资本化是此类分析的重点。由于经营性租赁的期限一般远小于资产寿命，因此直接在投资资本中加入该资产的净值并不合理。到目前为止还没有什么方法能准确地确定企业经营性租赁所对应的资本规模。

虽然远未达成一致和做到精确，实践中还是总结出了一些经营性租赁资本化的基本方法，主要是租金折现法和 8 倍租金法。两种方法的核心思路都是对经营性租赁形成的资产和负债状况进行模拟，并对企业的资产负债表进行还原，在租金折现法下，资本化的实现方式为对已签订租赁合约的未来租金按照一定的贴现率进行贴现。而 8 倍租金法更属于一种经验性方法，按照当期租金的 8 倍来确定经营性租赁的资本投入。一般来说租金折现法确定的经营租赁资本化金额要小于 8 倍租金法。

案例：BestBuy 对 ROIC 指标的经营性租赁调整

翻开美国最大的电器连锁巨头 BestBuy(百思买)的 2008 年年报，第一页为重要财务指标概览，接着是 CEO 致股东的信，然后便是一页详尽的 ROIC 计算方法及测算结果，这足以显示公司对该指标的重视。在指标计算之前 BestBuy 对这一工作进行了如下描述：“计算的 ROIC 指标表现了我们在经营中所运用资本的回报比率，我们使用该指标衡量自己是否在运营中有效地使用了投入的资本，包括自有的和借入的”。在国内即便是专业的投资机构，对 ROIC 指标的实践运用也还不是十分普遍，更不用说上市公司主动披露了。不仅如此，仔细分析 BestBuy 对 ROIC 的计算方法，它与通常使用的 ROIC 计算公式存在明显不同，这种差异的核心表现就在于对经营性租赁的特殊处理。

在 BestBuy 的 ROIC 计算中，对经营性租赁的调整分为两个方面：首先在 NOPAT 的计算中，从营业利润中将已经扣除的经营性租赁租金加回，然后再减去租金中的折旧部分，并以此收益口径和实际税率计算 NOPAT。这样调整的原理在于，连锁零售企业所支付的租金实际上包含两个部分，一部分是出租资产的当期折旧，另一部分则是企业通过这种方式进行融资的成本。通过上述调整，实际上将经营性租赁对损益的影响按照企业融资购买的方式进行了还原。调整的第二个方面在于 ROIC 的分母，BestBuy 的年报对经营性租赁的两种资本化方法均有涉及，从数据间关系来看，在计算 ROIC 指标中使用的应该为租金折现法(表 3-4)。

表 3-4　Bastbuy 2005～2008 年年报

($ in millions)	2008	2007	2006	2005
Net operating profit (as adjusted)				
Operating income	$2,161	$1,999	$1,644	$1,442
+Net rent expense	654	562	464	413
-Depreciation portion of rent expense	(345)	(292)	(242)	(214)
NOPBT(as adjusted)	2470	2269	1866	1641
rate of tax	36.6%	35.3%	33.7%	35.3%
-Tax expense	$904.02	$800.96	$628.84	$579.27
NOPAT(as adjusted)	$1,566	$1,468	$1,237	$1,062
Adjusted average invested capital				
Total equity	$4,445	$5,662	$4,842	$3,874
+Long-term debt	640	605	551	579
+Capitalized operating leases, net of excess cash	2,626	776	321	849
Adjusted average invested capital	$7,711	$7,043	$5,714	$5,302
ROIC	20%	21%	22%	20%

注：NOPAT 与前文中的 NOPLAT 的含义相同，由于有两种英文表达，因此英文缩写稍有差异。

正是因为同样的原因，在 BestBuy 年报披露的信用评级中，其最高评级为穆迪公司的 Baa2 级，最低评级为标准普尔的 BBB 级，但在国内这完全是另一幅景象。国内某信用评级机构在对苏宁电器(002024)2010年的一份公开评级报告中，将苏宁电器的信用级别确定为AApi，并将“公司货币资金数额巨大，有息负债少，偿债能力很强”作为主要依据，这显然缺乏对经营租赁杠杆的认识，而苏宁电器的货币资金中的很大部分也是应付票据的保证金。对于此类以经营性租赁为核心业务模式的企业，如果不对由此产生的杠杆进行合理调整，就不可能真正了解企业的基本面本质。

案例：苏宁电器(002024)的BestBuy式ROIC

高增长、高回报、低杠杆，单从财务指标来看，很少有公司能像苏宁电器一样持续创造如此靓丽的绩效。自2004年上市以来，2005~2008年苏宁电器(002024)归属母公司净利润的增长率分别为94%、105%、103%和48%；ROE分别为30%、23%、32%和25%；债务权益比却仅为7%、9%、5%和4%。由于付息债务比例很低，由财务报表测算的ROE与ROIC几乎相等，理论上讲，股权回报率基本上反映了企业的经营回报水平。但即便说苏宁电器的管理水平再过优秀，连锁零售行业每100元的资本投入会有每年30元的回报水平似乎也与一般的常识不符，这相当于不到4年就可以全部收回资本，而这里的资本口径涵盖了这项经营活动所对应的所有投资。实际上，使用BestBuy的ROIC计算方式，一切就都真相大白了。

由于没有经营性租赁的详尽信息，我们简单地采用8倍租金法对租金进行资本化，按照BestBuy年报中折旧占租金的比例，从2005~2008年稳定为52%上下，来近似估计苏宁电器经营性租赁资产的当年折旧，同时按照5%的利率水平估计应付票据所对应的财务费用，以25%为实际税率假设。在上述假设下，苏宁电器的实际ROIC水平从2005~2008年较为稳定，基本在10%上下，但显然已经与不加调整所计算的ROIC水平大相径庭，这一结果看上去也与人们的常识更相吻合。

表 3-5　苏宁电器 2005～2008 年的 Bestbuy 式 ROIC

年份		2005	2006	2007	2008
调整前	NOPAT	435,816	880,107	1,621,424	2,055,813
	IC	1,307,211	3,339,819	5,032,198	9,448,683
	ROIC	33.3%	26.4%	32.2%	21.8%
调整后	NOPAT	626,801	1,261,979	2,284,278	3,009,842
	IC	5,717,407	12,356,362	20,859,420	31,832,083
	ROIC	11.0%	10.2%	11.0%	9.5%

注：在上述测算中苏宁电器的应付票据作为投资资本的资金来源处理，在 BestBuy 的负债结构中应付票据的比例很小，但即便是少量的应付票据也被作为银行借款的等价物对待。关于应付票据的讨论见本书第二章第三节“现金流异化”。

经营性租赁也会影响一些财务指标的经济内涵，导致其横向和纵向比较失真。此时应该对租金进行相应调整，否则对此类指标的运用将出现严重偏差。

案例：中国国航(601111)的 EBITDAR 指标

EBITDA，息税折旧前利润，是公司分析中的一个重要指标，主要衡量的是企业在未扣除融资费用、折旧、摊销前的经营表现。由于主要扣除了现金性的经营性费用，因此不受企业财务杠杆、折旧政策等的影响，可以更好地反映不同企业之间的经营绩效。但这一指标在航空业的运用却面临着一个特殊的问题。

航空业的一个特点是自置、融资租赁和经营租赁是公司获取固定资产的主要手段。自置和融资租赁的飞机在会计处理时将会体现在固定资产、长期负债、财务费用和折旧等科目中，而经营租赁则直接影响费用科目。因此，如果两家航空公司拥有同样的飞机数量且运营绩效完全相同，固定资产获取手段的不同将造成两家公司 EBITDA 指标的巨大差异。因为自置和融资租赁飞机的年度成本——折旧已经在 EBITDA 指标中被扣除了，换句话说，在该指标中不作为费用项处理，而经营性租赁飞机的年度成本——租金却没有被相应剔除。因此在经营绩效完全相同的前提下，经营性租赁飞机比重较大的航空公司 EBITDA 指标会明显偏低。

因此在航空业的绩效分析中普遍采用 EBITDAR 指标，即将租金加回到 EBITDA 指标中，以进行横向和纵向比较。中国国航(601111)的 H 股年报中每年都会同时公布 EBITDA 指标以及 EBITDAR 指标。

投机性资本结构

A 股市场的一个特征是，对于国有企业，尤其是央企，即便是高于正常情况很多的财务杠杆水平也不会产生破产风险。虽然在如此之高的杠杆水平下，银行低风险低收益的资金供给模式已经不复存在，银行作为这些企业最主要的资金提供者，实际上已经是风险最主要的承担者了，但它们依然会继续为这些企业提供资金支持，而且并不提高利率。

这对投资者来说会产生两方面的效果，首先，银行资金已经部分地充当了股权资金的角色，承担了股东所应承担的部分风险，但只要求很有限的补偿，这对于股东来说是一种价值转移。当然，这是在企业真的具有价值的情况下。从商业角度来说，任何人都希望有这样的商业伙伴。其次，由于没有破产风险，因此杠杆对于收益的撬动作用有了安全保障。同时，杠杆的撬动使这些企业收益的波动幅度明显变大，这在过度追求当期收益的资本市场上将成为一个可以利用的投机性机会。正如格雷厄姆所说：

> 尽管投机性资本结构使公司的所有证券都超出了投资的界限，但是它可能会给普通股带来一种明确的投机优势。C 公司收益提高 25%(从 1000000 到 1250000 美元)将意味着普通股每股收益 50%的增长(从 5 美元到 7.50 美元)。由于存在这种关系，在好年景或市场景气的条件下，投机性融资的企业，市场的总价值将相对较高。反之，当然，在萧条期中它们的价值将受到更严重的低估。不过这种情况也包含着一个潜在的巨大优势，当它们以低估的价格出售时，价格上涨的空间将远远大于可能的降幅。
>
> ——《证券分析》第四十章 资本结构

第四章

探寻持续盈利能力

在投资理论中，盈利能力的概念具有明确和重要的地位。它包含了对数年间实际获得的收益的描述，以及认为除非出现特别情况，否则近似于此的收益将在未来继续出现的合理预期。这种记录必须跨越若干年份，原因是，首先，持续和重复性的表现总要比昙花一现的表现更有说服力，其次，较长一段时期的平均数有利于吸收和中和商业周期的影响。

——《证券分析》第三十七章 收益记录的意义

第一节 持续的才是重要的

我们购买了几家今年盈利几乎肯定从1999年或2000年的高峰下降的公司。考虑到我们预计所有我们的公司不时地沉浮，这种下降对我们来说毫无差别。只有在投资银行家的销售演出中，盈利才会永远上升。我们不关心颠簸；要紧的是全面的结局。

——《巴菲特致股东的信》第五章 兼并与收购

探讨企业的盈利能力当然是基本面分析的重要内容，而企业的收益记录毫无疑问是上述分析的最主要切入点。因此EPS总是资本市场最为关注的指标。格雷厄姆在《证券分析》中对于收益记录的指示作用有过专门表述：

分析家面临的第二个主要问题是，既往记录在作为未来收益的指示器方面的功效。目前，这个问题是证券分析领域中最为重要但也是最不尽人意的环节。说它最为重要是因为，我们对以往的记录所进行的费尽心机的研究的唯一实际价值在于，这种研究或许能够给未来的发展提供某些线索；说它最不尽如人意，理由是这些线索从来都不是完全可靠的，而且常常被证明是毫无价值的。这种缺点严重损害了分析家工作的价值，不过并没有完全消灭这种价值。有足够比例的案例说明，过去的表现仍是一个值得充分依赖的指南，这使我们有理由继续把它作为估价和选择证券的主要出发点。

——《证券分析》第三十七章 收益记录的意义

那么，从基本面分析的角度，对于企业的历史收益记录应该如何解读呢？这是所有基本面投资者都面临的重要课题，同时也是现实投资分析实践中误区最多的领域。在这方面，格雷厄姆在《证券分析》中的主要观点对于当期A股市场的基本面投资仍然具有强大的指导意义。

当期收益不应成为评估的主要依据

与企业的历史收益记录相比，在当前的资本市场上，投资者似乎更关注企业未来一年的EPS，因为在很多人心目中，这已然是股价最重要的影响因素。对上述逻辑的痴迷部分来源于EPS上升与基本面向好这两种现象之间的交叉，但更多的则来自于由于该逻辑的广为流传而引发的类似庞氏骗局般的自我推动，以及对相反状况的熟视无睹。由于预期EPS已经成为众多机构投资者赖以做出投资决策的最重要依据，证券分析也由此演变成了对企业当年EPS永不停息的争论与追逐。不过根据麦肯锡公司对华尔街的一项最新调查，对EPS的预测并不那么靠谱。

在过去的25年间，分析师们始终是一成不变地过于乐观，他们预计的每年盈利增长率的范围是10%~12%，而实际的增长率为6%。在这段时期内，盈利的实际增长率超过预测的情况只出现过两次，这两次都出现在衰退过后的恢复期中。平均来看，分析师的预测几乎百分之百都过高。除了1999年~2001年的市场泡沫时期外，实际市盈率比分析师预测的市盈率低25%。

——《股票分析师，依然“太牛”》(《麦肯锡季刊》2010年5月)

我们实在没有理由相信国内的情况会好于上述调查。而且从A股上市公司的历史收益记录来看，仅仅是以上市当年净利润的绝对数量作为标准，在接下来的年度中，企业将有50%的可能性无法达到这一水平，这还没有考虑IPO的增量资金、企业历年的收益留存、再融资以及并不低的通货膨胀率对利润增长的正向影响。这无疑是一个残酷的事实，但还不是最坏的，因为一些投资者还不得不面对那些上市当年的净利润即成为绝唱的公司。

案例：A股公司的利润绝唱

数据显示，剔除新上市公司，截止 2007 年底，在 1380 家 A 股公司有效样本中，上市首年后的年度净利润样本共 11803 个(以归属母公司的净利润为准)，其中低于本公司上市首年净利润水平的样本 6009 个，占总样本数的 51%；有 718 家公司上市首年后的年度净利润平均值低于上市首年水平，占公司总数的 52%；有 189 家公司上市首年后所有年度的净利润绝对额再也没有超越上市首年水平，占公司总样本数的 14%。在这些公司里，上市 5 年以上的公司 153 家，上市 10 年以上的公司 75 家。

在这 75 家公司中，有 20 家公司上市第二年的净利润就低于上市当年的 50%以上，如南京熊猫(600775)、海德股份(000567)、ST 太光(000555)、力合股份(000532)更是报出亏损；有 6 家公司即便是这十几年净利润的最大值也没有高过上市当年的 50%，如华立科技(600097)仅仅是在上市以后的第 9 年才达到了上市首年 22%的水平；有的公司属于逐步恶化，如天兴仪表(000710)上市当年净利润 2519 万、第二年 2362 万、第三年 1375 万，剩余的 8 年最高也只有 317 万，而最高年度的亏损却达到 5081 万；有的公司在经历了噩梦般的开始后似乎开始复苏，如广州冷机(000893)；有的公司则早已被重组的面目全非，如绿景地产(000502)。不论最终基于什么样的原因，在 10 多年的时间里都没有突破上市当年的净利润水平实在让人叹为观止(表 4-1)。

表 4-1 最大年度净利润与上市首年相比最小的利润绝唱公司 (单位：万元)

证券代码	证券简称	上市年份	总年数	上市首年	2007 比例	MAX	MIN
600097	华立科技	1997	11	5, 761	6%	22%	-126%
600876	*ST 洛玻	1995	13	24, 460	-39%	27%	-152%
000555	ST 太光	1994	14	1, 265	26%	30%	-749%
000788	西南合成	1997	11	5, 614	25%	39%	-272%
600853	龙建股份	1994	14	14, 525	8%	43%	-132%
000569	长城股份	1994	14	17, 165	17%	44%	-172%
000585	东北电气	1995	13	16, 751	-186%	53%	-480%
000886	海南高速	1998	10	22, 959	11%	55%	-24%
000566	海南海药	1994	14	6, 382	-53%	59%	-415%
600793	*ST 宜纸	1997	11	2, 148	-412%	60%	-412%

注：“2007 比例”为 2007 年净利润与上市首年净利润的比例；“MAX”为上市首年后所有净利润的最大值与上市首年的比例；“MIN”为上市首年后所有净利润的最小值与上市首年的比例。

那么，即便分析人员都能百分之百地精准预测企业未来一年的EPS，而且这一EPS又的确上升了又如何呢？一个单一年度的EPS对于企业的基本面投资价值判断又能有多少帮助呢？正如格雷厄姆所说：

> 显然，根据公司报告利润的暂时性变化而等幅地改变对企业价值的估计，就这一点而言股票市场是极不理性的。一家私营企业在繁荣的年景下，可以轻而易举地赚取两倍于不景气年份的利润，而企业的所有者绝不会想到要相应地增计或减计他的资本投资价值。这正是华尔街的行事方法和普通商业原则之间最重要的分野之一。
>
> ——《证券分析》第三十七章 收益记录的意义

对基本面投资而言，分析的本质在于揭示企业的持续盈利能力，而不是预期中的，实际上经常是猜测下的企业下一年度的EPS，除非上述预测工作的重点就是在于揭示企业持续盈利能力的变化。只有基于这一原则，才有可能把握到企业基本面价值的核心。从这个角度出发，企业多年的历史收益记录更应该作为基本面投资的分析基础，而不是某一年度的EPS。从A股公司过去5年可比EPS记录来看，上述结论毋庸置疑。

案例：A股公司EPS的稳定性分析

根据ValueTool公司绩效数据库，截止2009年共有1611家非金融类上市公司，其中1383家公司存在3年以上收益记录，这些公司中的499家公司在2009年达到其2005年以来可比EPS的最大峰值，这或许对于投资者来说是一个很大的安慰，但不幸的是这一峰值或许很难持续，至少从历史上看是这样的，因为其中的29%即143家公司在2005年以来存在亏损记录。

为了使分析更为简便和可比，我们选用拥有完整5年收益记录并且没有历史亏损年度的公司作为样本，在1611家公司中符合上述条件的公司仅为631家，占全部样本总数的39%，其中2009年达到5年EPS最大峰值的公司为268家，占分析样本的42%；2009年可比EPS为5年以来最低值的公司为121家，占分析样本的19%。同时，最高和最低值之间的差异非常巨大，最低值大于最高值70%的公司仅有28家，在这28家中仅有7家公司2009年达到最大峰值。相反的情况却并不少见，最低值小于最高值30%的公司达到293家，占样本公司的46%。在5年可比EPS最不稳定的10家公司中有4家在2009年达到EPS的最高峰值。

表4-2 5年可比EPS最稳定的10家公司

股票代码	公司名称	2005	2006	2007	2008	2009	最小／最大
600012	皖通高速	0.40	0.43	0.45	0.40	0.40	89%
600006	东风汽车	0.17	0.18	0.19	0.18	0.16	83%
600529	山东药玻	0.42	0.48	0.44	0.46	0.52	81%
600501	航天晨光	0.14	0.15	0.14	0.13	0.16	81%
600368	五洲交通	0.18	0.16	0.20	0.17	0.17	81%
600071	凤凰光学	0.14	0.14	0.17	0.14	0.17	80%
600874	创业环保	0.15	0.14	0.15	0.16	0.18	80%
000852	江钻股份	0.26	0.27	0.26	0.25	0.22	79%
600521	华海药业	0.41	0.36	0.47	0.43	0.44	78%
000916	华北高速	0.23	0.24	0.28	0.23	0.22	77%

表4-3 5年可比EPS最不稳定的10家公司

股票代码	公司名称	2005	2006	2007	2008	2009	最小／最大
600075	新疆天业	0.28	0.39	0.59	0.13	0.00	0%
600159	大龙地产	0.05	0.11	0.11	0.00	0.81	0%
600061	中纺投资	0.00	0.03	0.02	0.03	0.02	1%
600326	西藏天路	0.06	0.03	0.00	0.02	0.16	1%
000014	沙河股份	0.16	0.15	0.00	0.23	0.37	1%
600976	武汉健民	0.13	0.11	0.15	0.01	0.33	2%
000797	中国武夷	0.01	0.13	0.33	0.20	0.24	2%
000755	山西三维	0.21	0.40	0.80	0.03	0.02	2%
000899	赣能股份	0.02	0.05	0.00	0.10	0.18	2%
600739	辽宁成大	0.05	0.13	2.34	1.07	1.44	2%

注：上述EPS均已按照统一股本口径调整为可比EPS。

实际上，对于大多数行业来说，收益的波动就和地球的转动一样平常。

以A股的房地产公司为例。

案例：房地产公司的收益波动

以2007年为基准，万科A(000002)的房地产销售收入占当年全部A股涉房公司房地产销售收入的21%，规模最大的前10家公司占比约为47%。而其他上百家以房地产为主营业务的上市公司的业务规模则普遍偏小。由于房地产的建设周期较长，由此带来的首要问题是收益的稳定性较差。以深振业(000006)为例，该公司2007年房地产销售收入为9.4亿，在当年涉房的218家公司中排名第42位。该公司2002年房地产销售收入为7.4亿，最低值发生于2003年，为5.5亿，最高为2006年的11.6亿，2007年较上年收入下降19%的主要原因为“部分房产未达到收入确认条件”。从2002~2008年，房地产一直是东华实业(600393)的主营业务，从2003年开始该业务在公司总营业收入中的比重始终大于95%，2008年公司的房地产销售收入为12.8亿元，在A股公司中属于中等规模的房地产企业。公司2005年的地产销售收入为5.69亿，但2006年则骤降为3.25亿，降幅41%，原因在于“公司项目储备有限，主要项目大部分尚不具备收入确认条件”，而2007年由于“公司完工及结转收入项目增加”，房地产销售收入又上升了近250%。

相比之下，武昌鱼(600275)则更为极端，公司于2002年收购了北京中地房地产开发有限公司，从而完成了从农业公司向房地产公司的转变，但房地产收入到2003年便因为资金短缺等原因下降了96%。2004年公司甚至“为了力保房地产项目而放弃渔业及其他行业资金投入”，房地产业务收入虽然有所提高，但净利润却少得可怜，近1个亿的销售收入仅实现净利润50万元。2005年，由于房地产销售收入大幅上涨，公司一举扭亏，同时也强化了公司加大房地产业务的信心，公司计划2006年“投入新增建设资金4亿元左右，销售(预售)收入6亿元左右”。但事与愿违，2006年公司由于“土地因超期未使用被鄂州市政府依法无偿收回”以及现有项目建设周期等原因，房地产销售收入骤降91%，公司当年巨亏近1亿元。但即便如此，公司依然对自身的房地产业务充满信心，预期2007年将“实现较大改观”，但实际结果是2007年公司没有完成任何房地产销售。

无论是最高还是最低，显然依靠单一年度的收益记录很可能会对企业真实持续盈利能力的判断产生误导。当投资者面对的不是某一年的 EPS，而是一个 EPS 系列时，数据本身将促使你重新审视自身对企业内在价值的初始判断。

收益趋势更不靠谱

除了对企业当期的 EPS 尤为关注外，资本市场对收益记录的增长趋势也非常敏感，这种增长趋势常常被作为预测企业未来若干年收益记录变化的依据，并作为 PEG 指标的重要参数用于判断企业的估值水平。但上述判断在很大程度上只是基于一种原始的直觉，即企业在过去的增长趋势将在未来得以延续。而事实正如格雷厄姆所说：

> 这种突出趋势变量重要性的做法存在着双重危险——一是所设想的趋势可能会被证明是靠不住的；二是以趋势为基础的价值估计缺乏可供遵循的计算尺度，因此很容易被夸大。
>
> ——《证券分析》第三十七章 收益记录的意义

从 A 股公司的历史数据来看，当以判断企业持续盈利能力为核心目标时，收益趋势相对于 EPS 的绝对数额来说更不靠谱。

案例：A 股公司 EPS 增长率的稳定性分析

在 2005～2009 年可比 EPS 均为正值的 631 家 A 股公司中，4 年增长率均大于 0 的只有 83 家，占样本总数的 13%，如果以全部拥有 5 年持续盈利记录的 1141 家公司来看，其所占的比例就更为可怜，只占其中的 7%。

如果时光回到 2008 年，此时实现连续 3 年可比 EPS 持续增长的公司共有 138 家，但其中的 55 家则在 2009 年发生了衰退，占上述公司的 40%。这自然有金融危机的影响，例如以出口苹果汁为核心业务的国投中鲁(600962)，以及行业出现大幅衰退的中海发展(600026)，这一方面也说明经济波动本身就是判断企业持续盈利能力的重要因素。另一方面金融危机似乎也不代表所有因素，在2009年大幅衰退的20家公司中也不乏正处于行业高度景气阶段的靖远煤电(000552)以及在2008年由于新能源概念而被寄予厚望的天威保变(600550)(表4-4)。

表4-4　2005～2008年连续3年增长但2009年大幅衰退的10家公司

股票代码	公司名称	2006	2007	2008	2009
002018	华星化工	12%	67%	267%	-91%
600962	国投中鲁	75%	22%	79%	-90%
600058	五矿发展	36%	153%	28%	-89%
600078	澄星股份	31%	60%	154%	-89%
600596	新安股份	34%	33%	233%	-88%
600278	东方创业	54%	234%	112%	-86%
000554	泰山石油	55%	15%	33%	-83%
600026	中海发展	0%	60%	28%	-82%
000502	绿景地产	99%	255%	9%	-81%
600243	青海华鼎	21%	109%	6%	-70%

那么连续增长的公司又怎样呢？即便实现了持续增长，其增长率的波动也非常剧烈，2005～2009年年度最低增长率高于最高增长率50%以上的企业仅有8家，占83家持续增长企业的9%(表4-5)。

表4-5　2005～2009年以来年度增长率最为稳定的10家公司

股票代码	公司名称	2006	2007	2008	2009	最小／最大
600559	老白干酒	27%	26%	24%	20%	74%
600128	弘业股份	31%	30%	24%	39%	62%
000989	九芝堂	39%	41%	66%	55%	59%
002022	科华生物	45%	26%	41%	30%	58%
002028	思源电气	54%	28%	33%	29%	52%
600522	中天科技	43%	84%	65%	79%	51%
600580	卧龙电气	25%	22%	43%	38%	51%
000869	张裕A	48%	43%	26%	24%	51%
600352	浙江龙盛	20%	47%	32%	21%	42%
000596	古井贡酒	72%	128%	53%	107%	42%

实际上随着基数的不断增长，增长率本身就存在不断下降的趋势，更为重要的是，趋势本身就很难持续，更何况还要按照当前的速度，从中期来看，这对于绝大部分企业来说都是一个不可能完成的任务。所以格雷厄姆指出：

良好的业绩趋势当然必须加以考虑，但这不意味着增长曲线将自动延伸到无尽的未来。相反，必须记住，自发的或正常的经济力量将削弱任何趋势无限延续的势头。竞争、管理规章、收益递减法则，等等，都是无限扩张力量的强大敌人；但是阻挡持续衰落趋势的一些因素的力量要弱的多。

——《证券分析》第三十七章 收益记录的意义

平均收益记录的意义

那么究竟什么才是指示企业持续盈利能力的最有意义的参照呢？面对纷繁的经济环境和日益复杂的企业，这一问题可能难有令人满意的答案。寻找一个能够毕其功于一役的指标，来准确判断企业的持续盈利能力甚至在理论上都不可能。但正如格雷厄姆所说“较长一段时期的平均数有利于吸收和中和商业周期的影响”。因此从收益记录的角度上说，相对而言平均的收益记录将比单一年度的收益记录更接近一个企业的持续盈利能力水平。

因而那些收益记录远远大于或者小于平均收益记录的公司更应该引起基本面投资者的足够重视。对于这些公司来说，当期的收益记录对于判断企业内在价值而言很可能过于乐观或者悲观了。如中集集团(000039)在2009年出现了EPS的极值，但由于公司其他年份的收益记录均较为正常，因此其2009年的业绩最低值在未来很可能不会再次出现，更不代表企业的正常盈利水平。

但以EPS平均值作为企业持续盈利能力正常指示器的功用并不能报以太大期望。首先，这种方法实际上只适用于存在较长历史记录的公司，按照格雷厄姆的标准，“只有考察期跨越10年以上时，才进行平均值的计算”，而且“如果一个平均值是根据包含若干个赤字年的时期的数据计算得出的，这个平均值是否果真对盈利能力具有指示性就值得怀疑了。因为，各年度数字的巨大差异必然削弱平均值的代表性”。年度收益记录的巨大波动是对平均EPS意义的致命打击，如民丰特纸(600235)的5年平均EPS为0.16元/股，但其中只有1年的实际EPS高于这一水平，而在其他4年中有3年的EPS甚至只在该平均值的50%左右或以下。对于这类公司平均收益记录的意义将大幅降低。

案例：A股公司平均EPS的稳定性分析

从算术平均值来看，在拥有完整5年收益记录的A股公司中，5年EPS均值在2009年EPS20%以内波动的公司共有208家，占样本总数的18%；在5年中均持续盈利的631家公司中，符合上述条件的公司为173家，占比27%(表4-6和表4-7)。

表4-6　2009年EPS高于5年平均EPS最大的10家公司

股票代码	公司名称	2005	2006	2007	2008	2009	AVG/2009年
600159	大龙地产	0.05	0.11	0.11	0.00	0.81	26%
000671	阳光城	0.09	0.10	0.27	0.11	1.06	31%
600405	动力源	0.04	0.03	0.01	0.03	0.20	32%
000788	西南合成	0.05	0.04	0.01	0.05	0.24	33%
600326	西藏天路	0.06	0.03	0.00	0.02	0.16	33%
600235	民丰特纸	0.07	0.04	0.13	0.09	0.48	33%
000589	黔轮胎A	0.31	0.15	0.42	0.19	1.43	35%
002007	华兰生物	0.14	0.20	0.28	0.44	1.26	37%
000401	冀东水泥	0.06	0.09	0.24	0.23	0.73	37%
000985	大庆华科	0.10	0.05	0.12	0.04	0.36	37%

由此可见，即便是平均收益记录也只能在一定的条件下部分地接近企业持续盈利能力，无法直接得出关于企业真实盈利能力以及估值水平的判断。此外，除了量化的收益记录以外，格雷厄姆还强调“证券分析中的质的因素”。针对收益记录，格雷厄姆指出：

表 4-7 2009 年 EPS 低于 5 年平均 EPS 最大的 10 家公司

股票代码	公司名称	2005	2006	2007	2008	2009	AVG/2009 年
600075	新疆天业	0.28	0.39	0.59	0.13	0.00	22310%
000755	山西三维	0.21	0.40	0.80	0.03	0.02	1831%
600110	中科英华	0.02	0.05	0.10	0.05	0.00	1762%
000758	中色股份	0.08	0.28	0.50	0.20	0.01	1507%
600456	宝钛股份	0.53	0.66	1.13	0.64	0.04	1494%
600423	柳化股份	0.34	0.46	0.42	0.31	0.02	1409%
600360	华微电子	0.18	0.22	0.24	0.15	0.01	1226%
600791	京能置业	0.07	0.12	0.34	0.13	0.01	1179%
600022	济南钢铁	0.40	0.42	0.63	0.38	0.03	1166%
000039	中集集团	0.86	0.66	0.49	0.62	0.05	1162%

在研究收益记录时，一条重要的证券分析原则必须铭记在心：只有在得到对企业的定性调查结果的支持的前提下，量化的指标才是有用的。

——《证券分析》第三十七章 收益记录的意义

从上述分析我们可以得出结论，企业的盈利能力的确是一个清晰的概念，但它很可能对应的只是一个模糊的范围。历史收益记录只是投资者去探寻这个范围的切入点或者有意义的参照，但无论从任何角度对历史收益记录进行加工，都无法直接得出关于企业盈利能力的确切结论，这是投资面临的普遍性障碍，或许也是投资的魅力之所在。而如果仅仅以企业某一年度的 EPS 或者 EPS 的增长率作为判断其盈利能力的依据，那就很可能将投资置身于一个非常危险的境地。收益记录仅仅是一个结果，而基本面分析的目标则是这些结果的原因，尤其是那些能够被把握和在未来会持续的原因。正如格雷厄姆所说：

不能相信有利的趋势将一往无前——这正是股票市场惯常的态度——而应该态度谨慎的展开分析，调查并确定导致优异表现的原因，同时权衡支撑着公司实力的具体因素和在持续增长道路上的主要障碍。

——《证券分析》第三十七章 收益记录的意义

第二节 一切从回报率开始

将价格的问题放在一边，最值得拥有的公司是那种在一段很长的时期内能以非常高的回报率利用大笔不断增值的资产。最不值得拥有的公司是那种必须，或者将要反其道而行之的公司——那就是一贯以非常低的回报率使用不断膨胀的资产。

——《巴菲特致股东的信》第二章 公司财务与投资

对企业回报率和增长率的理解和把握是基本面分析的核心内容，其他所有的分析都围绕这两个主题展开，可以说，其他因素都是通过驱动增长率和回报率这两大核心因素而驱动企业价值的。因此，对于企业所有基本面信息的判断最后都会归结为对其回报率和增长率的判断，同时对企业所有基本面信息的解读也都应该从其对回报率和增长率的影响入手。正如麦肯锡公司的经典著作《价值评估》中所说：

人们在埋头于浩如烟海的数据时，却很容易遗忘根本的决定性因素：一家公司的价值取决于投资资本回报率和公司增长的能力。其他所需考虑的因素——毛利率、现金税率、应收账款周期和库存周转率——都只是细节问题。

——《价值评估(第四版)》第六章 对投入资本回报率和增长的思考

增长率和回报率之间可以有 4 种典型组合，高回报高增长和低回报低增长的情况不用多说，它们对企业价值的影响地球人都可以一目了然。其中的高回报高增长即是巴菲特所说的最值得投资的公司，这当然是所有投资的理想状态，但这种状态一般也的确只会在理想中才能出现。问题在于当两者出现相反特征时，即表现为高回报低增长或者低回报高增长时，基本面分析应该何去何从。

回报是增长的前提

现实中，投资者对于回报率和增长率的关系问题似乎总是比较纠结，而且大多数人似乎对高增长的特征更感兴趣，因为毕竟它有一个让人想入非非的未来。因此在现实的投资世界中，增长率似乎总是会超越回报率而成为投资者首要关注的因素，甚至是压倒性的因素，而回报率则沦落为与其他财务特征类似的细节问题。这已然成为基本面投资的重要误区。

其实，探讨这一问题的本质并没有那么复杂，也不需要高深莫测的金融理论，只要回到投资的源头，即投资的终极目标，所有的问题都可豁然开朗。毫无疑问，无论在什么地方，在什么时间，投资的终极目标都是要获取回报。从基本面投资的角度，投资股票就是投资该股票所对应公司的一部分所有权，股票投资回报的决定性因素也就是该公司的回报水平。虽然成长性也是构成企业价值评估的一个重要变量，但相对于增长率，回报率更基础、更根本。没有对回报率的判断，增长率对企业价值的影响就很难评估。如果说增长率是一个数值，那么回报率就是它的正负号，负号后面的值越大，它的实际值就越小。正如巴菲特所说：

> 公司的成长性本身几乎没有告诉我们什么。确实，成长性常常对价值产生积极的作用，有时达到惊人的比例。但是这种影响很难确定，例如，投资者们习惯性地将大笔的钱投入到航空公司中，为毫无利润的(或更糟的)成长性提供资金。对于这些投资者来说，如果奥维尔[1]没能从基蒂·霍克镇的地面上飞起来，那么事情本来会好得多：行业成长得越快，所有者的灾难就越大。
>
> ——《巴菲特致股东的信》第二章 公司财务与投资

上述状况在国内的航空公司中也有相同的体现，不过分析员似乎有着与巴菲特截然不同的解读。

1 飞机发明人莱特兄弟之一。

案例：南方航空(600029)起飞尚待时日

2010年3月8日，南方航空(600029)发布公告，公司拟非公开发行A股和H股，累计筹资约100亿元，全部用于偿还银行借款，“以进一步增加净资产，降低资产负债率，改善财务状况，提升公司的经营能力与抗风险能力”。但如果对南航财务状况稍作了解就知道这种注资已经刻不容缓。

2008年公司亏损近50亿元，其中燃油成本达到了近231亿元，占营业成本的43%，不考虑折旧成本以及资产减值影响的EBITDA指标仅有11.5亿元，而公司当年的利息费用却高达26.6亿元。换句话说，公司的全部现金性收益还不足以支付借款利息，更不用说偿还本金了。从公司公告中可知，本次筹资偿还的100多亿借款中的绝大部分都将在2010年和2011年到期，显然从财务角度来讲，公司已经陷入了破产的泥潭。

100亿资金的注入毫无疑问将给低谷中的南航以喘息之机，一方面解除了悬在头顶上的债务利剑，同时又减少了每年的财务费用支出，按照一些研究报告的看法，考虑到财务费用减少和股本摊薄的综合效应，公司预期的EPS将基本不变，而每股净资产显然将得到相当程度的增厚，加之油价已经从历史高位有了相当程度的回落，客座率等指标也有可能向好，因此有理由给予南航增持甚至强烈推荐的评级。但在公告以及研究报告中被划上等号的“财务费用的降低”和“盈利水平的提高”实际上存在本质性差异，从南航基本面绩效数据来看，公司离真正为股东创造价值仍尚待时日。

航空公司的成本结构主要是燃油成本、机场起降成本以及员工薪酬等，这些成本都具有相当大的刚性，不会随着收入的减少而减少。由于航线和飞机数量相对确定，因此航空公司的运载能力也相对固定，表现为可用吨(客)公里指标，即飞机飞行里程与可载运货物吨数(座位数)乘积的合计值。由于上述原因，航空公司之间在成本上的竞争主要在于油耗上，表现为可用吨公里油耗，而在收入上的竞争主要表现为客座率(货邮载运率)，即运载能力的实际使用比率，以及客运收益(货运收益)，即航空公司在单位客(货)的单位里程上收取的费用。

从2008年数据来看，南航除了飞机数量、可用座公里等规模指标，以及由于在国内加油比例较高而拥有的少许油价优势以外，在重要的效益指标上与中国国航(601111)相比都表现出了较大劣势。见表 4-8。

表 4-8 南方航空与中国国航重要的效益指标对比

项目	单位	南方航空		中国国航	
		2008	最高	2008	最高
客运收益	元 / 客公里	0.62	0.62	0.65	0.65
客座率	%	74%	74%	75%	78%
货运收益	元 / 吨公里	2.00	2.08	2.01	2.23
货邮载运率	%	43%	50%	57%	57%
平均油价	元 / 吨	7,670	4,685	7,947	4,954
可用吨公里单位油耗	公斤 / 吨公里	0.211	0.211	0.201	0.201

注：最高值区间为 2005～2008 年。

南航在各项重要指标上落后的背景原因无法从财务报告上得到明确的答案，但一个不争的事实是，如果南航不采取大力措施对上述状况进行改善，即便能发挥到历史的最好水平，企业也无法为股东创造有意义的回报。

我们假设南航在客座率、客运收益、货邮载运率、货运收益均达到 2005 年以来的最高值，而平均油价按照 2006 年的水平测算，基于 2008 年的其他数据，公司将新增收入 14 亿元，节省成本 53 亿元，公司的 EBITDA 将增加至 78 亿元，支付利息将不再成为困难，但如果补偿掉 57 亿的折旧成本，公司的 EBIT 仅有 21 亿元，与 676 亿的投资资本相比，税前回报率仅有 3%，离公告中 4.78%的参考利率水平还有相当的差距。在同样的假设下，国航的 EBITDA 将达到 137 亿元，税前的投资资本回报率将达到 9%。

在上述公告中，南航表示“公司积极利用债务融资为公司扩大机队规模、提升市场份额和盈利水平提供了强大的支持和有力的保障，而本次募集资金有利于公司及时把握市场机遇，通过各种融资渠道获取资金投入到后续的经营中”。显而易见，如果南航仍不能在经营绩效上采取强有力举措，仍将经营重点放在机队规模和运力投放上，今天的一幕很可能会在将来重现。

南方航空的情况在 A 股市场上并不鲜见，甚至已经成为 A 股公司的一个主要特征。这对于基本面投资者来说无疑是一个严峻的警告，因为仅仅以回报率作为判断基准，就会有相当大一部分公司被排除在潜在投资对象之外。

案例：A股公司的高增长与低回报特征

不管是在任何时候和任何地方，中国企业的高增长似乎都是投资者们津津乐道的美妙话题，而这种高增长也成了当前股票市场估值水平的核心支撑。让人欣慰的是，2007年，这种高速增长的态势依旧强劲，根据ValueTool公司绩效数据库所统计的国内剔除ST公司的1341家非金融行业上市公司数据，上述公司合计销售收入已经超过7.7万亿元，同比增长26.8%，净利润达到5757亿元，同比增长31.6%。从利润分布来看，按照剔除债务对经营绩效影响的企业税后净利来排序，前100家公司的销售收入占到了全部1341家公司的64%，而净利润则占到77%。也正是由于这一巨大的权重，上述增长率更多的体现了它们的变化。剔除前100和最后100家企业的影响之后，剩余1141家企业的销售收入增长率为25%，略低于平均水平，但净利润的增长率却达到65%，是平均水平的两倍，这无论如何也是惊人的。

但与让人称赞的增长率相比，中国公司的回报水平却并不能让人满意。使用公司投资资本回报率(ROIC)指标，即假设企业的资本全部来自于股东，从而剔除公司运用债务所导致的财务费用对于考核企业经营绩效的影响，上述公司2006年的ROIC为9.9%，2007年为10.2%。考虑到2007年中国企业会计准则的变化，即允许企业在一定条件下将金融资产市场价值的增值部分计入收益，同时国内股票市场的一路走高吸引很多企业大量投资股票等状况，上述回报水平可能还存在一定的水分。

为考察企业的真实经营绩效，我们可以对上述指标进行细分。企业的回报比率总是由两个因素决定的，一个是每1元销售收入中税后净利的数量，即净利率；另一个是每1元资本所实现的销售收入，即资本周转率。不考虑债务融资的影响，2007年上述企业每100元销售收入中只有9.0元的净利润，而如果剔除投资收益以及资产增值对净利润的影响，每100元销售收入中只有7.8元的净利润。如果按照剔除后的实际净利率测算，实际的ROIC则只有8.3%左右。而这一结果还没有考虑到2007年国内近8%的通货膨胀率可能导致的上述指标的虚胖。

但实际情况可能更为严峻。同增长率一样，资本回报的分布也同样十分集中，上述前 100 位企业 2007 年的 ROIC 为 12.2%，而作为创造增长奇迹的 1141 家公司的 ROIC 水平只有 7.7%，剔除投资收益以及资产增值等非经营性影响，这些公司的实际 ROIC 只有 5.9%左右。

无论如何，不到 6%的投资资本回报是低效的，这说明我们为了这部分利润消耗了太多的资金。在如此之低的回报水平下，高增长的光环也黯然失色。因为高增长的代价是巨大的。企业的核心目标不应该是简单的创造利润，而应该是不断的创造价值。衡量企业创造价值的标准就是资金在这里运用比在其他同等条件下更有效率。这个效率的标准就是资金的机会成本，或者说资本成本，只有投资回报高于资本成本的情况下企业才真正开始创造价值。否则企业就不应该占用这部分资金，而应该让它流向更能发挥效用的地方去，无效的继续占用实质上是对社会财富和股东财富的毁损，越快的增长就意味着越剧烈的毁坏。

因此，从对企业价值的影响看，回报率和增长率之间并不是简单的并列关系，更不可能是增长率高于回报率。那种高增长低回报的公司实际上就是以更快的速度毁损股东价值的公司，也就是巴菲特所说的最不值得投资的公司。因此，基本面分析必须从回报率开始，同时也必须以回报率作为其他所有分析的基础。

增长是回报的回报

以回报率为基础审视增长率，不仅基于回报是投资的终极目标，同时也是缘于回报率和增长率之间的驱动关系。以 EPS 增长率和 ROE 为例，在《公司金融》的教科书中有一个计算增长率的基础公式：g=ROE×(1-b)，其中 b 为分红比例，即企业在不考虑并购、融资等外生增长的情况下，净利润的增长率等于股东回报率乘以留存比率。该公式的含义极其简单，不考虑其他因素，假设一个企业的 ROE 保持稳定，那么企业未来收益的增长只可能来自留存利润的再投资。因此净利润的增加 =(上年实现的净利润 - 现金分红)×ROE，等式两边同时除以上年实现的净利润就可以变形为之前提到的增长率基础测算公式。

毫无疑问，上述公式阐述的是一种理论情景，现实世界中，EPS 的增长可以源于多种原因，例如产品价格的波动等，这些因素往往会对 EPS 增长率和 ROE 产生相同方向甚至同幅度的影响。此外，再投资也不是一个平滑的过程，上述逻辑关系并不会在现实公司的某个年度得到严格的展现。因此很多人都仅仅将其作为一种财务指标关系的理论推演，而忽视了它对现实投资判断的深远意义，那就是对企业持续增长驱动因素及极限水平的说明。换句话说，不考虑波动性因素和外生增长，EPS 只能按照留存比例与 ROE 乘积的速度增长。这一点虽然并不足以在现实中作为精准预测的依据，但却是制约企业 EPS 增长的铁的法则。

由于分红比例不可能小于 0，因此，从一个相对较长的时间来看，企业收益的内生年度复合增长率不可能大于其股权回报率的水平，根本原因就在于内生增长也是需要投资的，而投资的源泉只可能来自于股东已经赚取的回报，增长的本质是其已赚取回报的回报，本身就是其回报水平的体现。正如巴菲特所说：

> 对管理经济表现的主要评价标准是对使用的权益资本实现高收益率(没有过高的财务杠杆、会计花招，等等)，而不是实现每股收益的持续增长。
>
> ——《巴菲特致股东的信》第六章 会计与估值

从这个意义上说，ROE 是判断企业 EPS 增长的前提和基础，这种基础性作用主要表现在以下几个方面：

首先，对企业 EPS 中长期内生增长水平的判断，其最根本的基础就在于对企业正常以及持续 ROE 水平的估计。虽然 ROE 本身并不是一成不变的，也会受行业景气程度、杠杆水平、固定资产重置周期等因素的影响，但其变动幅度不会像增长率那么巨大。基于一个较长区间，以持续合理为基本原则来考察的企业 ROE 水平，是判断企业 EPS 持续增长的关键。

案例：江中制药(600750)的高增长悬疑

2010年3月9日，江中制药(600750)披露了公司2009年度财务报告，公司归属母公司所有者的净利润增长又创新高，达到54%，过去5年中，该指标的最低值产生于2005年，为24.4%。公司主导产品为人们耳熟能详的消食片、草珊瑚和亮嗓，而新产品初元当年贡献的2亿元销售收入也为投资者对公司未来增长的预期加重了砝码。

但上述增长却不能从江中制药的回报水平中得到支撑。公司过去5年的ROE水平(以上年净资产作为分母计算)只有在2009年达到21.8%，其余年度几乎都在15%以下，而现金分红比例却几乎在50%以上，因此其理论上的内生增长极限应该在10%以下。因此投资者必须对上述增长的背后动因进行更深入的分析，同时对公司未来的高增长预期保持更谨慎的态度。

其次， ROE水平提供的是企业持续增长的上限，并不代表未来的真实增长，不考虑分红因素，投资空间是导致其间差距的主要原因。在一些行业，产能几近饱和，企业的留存不再拥有可供投资的空间，因而其增长率会逐渐低于ROE的水平。

第三，对于那些当前具有高ROE水平的公司来说，收益递减和竞争加剧的经济法则将始终存在，并在绝大多数情况下会逐渐将企业的ROE推至与其行业风险匹配的水平。因此对这些公司的增长前景也不能过分乐观。

总之，以ROE为基础的增长天花板，超额利润的逐步缩减，以及企业投资空间的日益饱和，构成了对增长诱惑保持理性怀疑的坚实基础。

EVA思维

EVA，也叫经济增加值或者经济利润，指扣除了所有资本成本后的利润水平。核心理念为，企业只有创造出高于资本成本的利润，才开始创造价值。由于在财务报表中，债权投资人的资本成本即利息已经在净利润前做了扣除。所以EVA概念的本质可以简化的描述为：股东的资本不是免费的，而且这种费用必须记入企业的成本。

EVA 的基本公式如下：EVA＝NOPLAT－投资资本×资本成本率,它显示了企业扣除所有经营性成本和投资者资金成本之后的净剩余，反映了企业当年经营绩效对企业价值的真正影响。EVA 指标的符号说明了当年经营绩效对价值的影响方向，EVA 指标的具体数额则反映了上述影响的具体程度。如果 EVA 大于 0，说明企业当年在创造价值，反之，则说明企业在毁灭价值，等于 0 则说明企业的价值没有任何变化。由于投资资本回报率 ROIC＝NOPLAT/ 投资资本，将上述公式进行简单变形可以得到 EVA 的另一个表达式：EVA= 投资资本×(ROIC－资本成本)。

上述 EVA 公式不仅可以用于测算企业价值的具体变化，更可以让我们了解到企业价值创造的一些重要理念。例如，追加投资或者说投资越大并不代表着创造的价值越多，甚至并不代表着一定会创造价值。同时，资本回报率大于 0 并不是企业能够创造价值的充分条件。按照 EVA 的计算公式，企业创造价值的关键前提是投资资本的回报水平必须大于资本成本，只有这个条件满足时企业的资本投入才会创造价值。反之，企业资本投入的唯一效果就是对投资资本的蚕食，进而是对企业价值的毁灭，投入的越多，则毁灭的越多。而当两者相等时，不论投资数额多么巨大都不会创造出任何价值。这就类似于篮球场上投篮命中率和出手次数的关系，一个球队一场比赛所创造的全部投篮机会的总和就类似于一个企业所拥有的投资资本，而对投篮机会的分配则类似于企业对投资项目的选择。一般来说投篮命中率最高的球员应该拥有最多的出手机会，因为这样才能为球队带来更多的得分。如果一个球员的投篮命中率和全队的平均水平一样，则把投篮机会让给他并不能为球队带来额外的价值，而如果该球员的命中率很差，他的出手次数越多对球队来说输球的概率也就越大。

EVA 指标的优势还在于它提供了一个年度价值衡量指标。虽然自由现金流贴现法是估计企业价值的最严密的方法，但无法根据自由现金流的大小对企业当年的价值创造绩效进行衡量，因为自由现金流必须从流量的角度整体考虑，单纯一年的自由现金流受公司资本支出等众多因素影响，并不能说明任何问题。EVA 指标部分地克服了这种缺陷，进而能够对企业某一年份的价值创造绩效进行考量。在对企业总价值的估计方面，EVA 贴现法的结果则和自由现金流贴现法的结果完全相同。

可以说，EVA 指标比较综合地体现了基本面分析中的若干要素：以投资资本为基准，全面剔除了企业财务杠杆的绩效影响；在回报率中首先减去资本成本，全面体现了资本成本的机会成本特征；同时考虑投资资本规模和回报水平，充分实现了规模与效率的统一，避免了对回报率的过分重视，当规模与回报率出现矛盾时，只要回报率的下降不低于资本成本，企业仍然在创造价值。基于此，EVA 指标及其思维可以成为探寻企业基本面价值的一个重要切入点。

第三节 增长率幻觉

投资者过高的未来预期使得贪婪欲望的面纱遮住了理性审视现实和真相的双眼。恰恰是在分析师们预测说这些行业将永远保持两位数的增长速度时，这些行业不但不再增长反而开始下跌了。

——《彼得·林奇的成功投资》 第九章 我避而不买的股票

增长是资本市场的永恒话题，也是这个时代的核心主题，而且似乎已经成为中国资本市场傲视一切的坚实依靠。对企业价值而言，增长是毫无疑问的核心驱动要素，对未来增长的漠视和低估都将导致价值判断的重大偏差，尤其在这个高速增长的年代。但现实中发生的绝大多数情况正好相反，上述担心基本属于杞人忧天，投资中人们对增长的期望就像生活中对爱情的憧憬一样，虽然现实和理想之间常常存在巨大差距，但人们对她的热情却丝毫不减。

更重要的是人们这种巨大的热情实际上更多的是倾注于一个极其模糊的概念，在人们总是为成长股兴奋的同时，却很难有人能够对成长的特征给出一个清晰且合理的定义。这种模棱两可的热情创造出了一个无穷演绎的空间，使增长成为影响价值判断的最具煽动性，同时也是最具迷惑性的词汇。

增长的度量

在对增长背后的动因进行系统分析之前，首先要明确的是增长的度量方式。增长对投资者的迷惑首先就来源于此，就像人们对 PEG 指标中 G 口径的争论一样，虽然年度增长率的计算简单而确定，但通过增长率来判断成长性则变得复杂了很多。不考虑未来的不确定性，即便是从历史数据判断最具成长性的公司也绝非易事。首要面对的问题便是：用什么来衡量增长。

一般来说衡量公司绩效增长最为常用的指标有三个：最近年度的年度增长率、一段时期内的复合增长率以及算术平均增长率。但所有这些指标都在显示了企业一方面特征的同时存在另一方面的明显缺陷，而且经常差异巨大，有的时候甚至所有的指标在一起也不能客观地反映企业的真实成长性。

最近年度的增长率在一些情况下能更好的地映企业当前的经济特征，如深赤湾(000022)从2002～2007年归属母公司净利润的复合增长率为29%，而最近3年的年度增长率却从没有超过10%，2008年的增长率为-3%。复合增长率能很好地反映企业一段时期内的综合增长状况，但它只受起始和终止年份的影响，并不反映企业的增长路径。算术平均增长率会受所有年度增长率的影响，因此在一定程度上反映了企业实际的平均增长水平。但这种增长与投资者心目中每年增长多少的复利增长概念向左。

另外，如果所选用年份中部分增长率受偶然因素影响而失去参考意义，无论是使用上述哪一种增长率口径都不可能对企业真实的成长性进行合理反映。雅戈尔(600177)由于出售中信证券的股权，在2007年实现了228%的业绩增长，计算出2002～2007年的复合增长率为44%，算术平均增长率为61%，但实际上，2002～2006年的年度增长率都没有超过上述任何一种的水平，2004年和2006年分别为40%和30%，2003年和2005年分别为0%和1%，由于这种非正常的增长，2008年的增长率必然是一个非正常的下降，为-36%。

小问题：谁的增长率更高

假设A、B、C公司的净利润如表4-9所示，虽然三个公司都从100增长至400，但由于内部增长路径差异，3类增长率口径表现不一。

表4-9 A、B、C公司3类增长率口径比较

公司	净利润			增长率			
	第1年	第2年	第3年	第2年	第3年	算数平均	复合增长
A	100	200	400	100%	100%	100%	100%
B	100	400	400	300%	0%	150%	100%
C	100	100	400	0%	300%	150%	100%

虽然无法用某一个增长率指标来全面反映公司的成长性，但上述迷惑终归属于表面现象，只要了解各类增长口径的优缺点，结合公司每个年度的增长率做综合分析，得到一个关于公司增长速度的合理结论并不困难，增长概念更深层次的迷惑性在于这些表象背后的动因。

根据增长所依赖的路径，净利润的增长可以分为两大类。第一类是由生产规模扩大形成的增长，从财务逻辑上看损益的变化是由资产负债表驱动的，简称为资产型增长；第二类增长与资产扩张关系不大，主要缘于损益表自身的影响因素，简称为收益型增长。在具体的增长类型中，实际驱动因素又有不同，例如资产型增长可以是因为内部积累，也可能是缘于融资或者收购，而收益型增长可能是因为产品价格水平的提高，或者是相关费用比例的下降，等等。不同路径所形成的增长虽然可能造成近似的表面结果，但这种表面的一致背后实际上存在本质性的差别，这些差别决定了同样的增长如何以截然不同的方式影响着股东的利益，当然更影响着未来的方向。对于基本面分析而言，增长多少固然重要，而以何种方式形成的增长则更为关键。

运气型增长

在所有的增长类型中，运气型增长最好判断。从驱动因素看它往往是由与主营业务无关的因素导致的，因此年度增长率存在极大的波动性。这类增长就像是天上掉下来的馅饼，虽然历史股东确实得到了实实在在的好处，但由于在极大程度上的不可复制性，如果投资者据此判断企业将继续增长，那最可能的结果恐怕只能喝西北风了。虽然道理似乎浅显易懂，但现实中的此类增长仍然具有相当的迷惑性。

案例：长城开发(000021)的运气型增长

长城开发(000021)，是一家以硬盘驱动器磁头为核心产品的上市公司，隶属于国资委下属的中国长城计算机集团公司。虽然公司在2001年发生亏损，但从2002～2007年，公司净利润的复合增长率达到惊人的64%，而实际主宰这一切的却和所谓的计算机及设备制造主业没有太大关系，以股权出售和各类资产减值为主要内容的投资收益以及营业外收支才是上述表象下面的真正动因。

2002 年公司全年实现利润总额 8880 万元并一举扭亏为盈，剔除投资收益以及营业外收支的营业利润实际达到 1.97 亿元，远远高于利润总额。这其中的差额主要缘于公司股权投资失败所计提的减值准备和转让损失，以及对闲置设备计提的 1500 万元固定资产减值损失。经过 5 年的发展，公司在 2007 年的利润总额已经达到 8.21 亿元，为 2002 年的 9.24 倍，但营业利润却只有可怜的 1.05 亿元，为 2002 年的 53.5%。填充营业利润与利润总额差距的是 7.16 亿元的投资收益，该收益全部来自出售中信证券的股权。中信证券的股权最早出现于公司 1999 年年报中，初始投资成本为 2400 万元。该股权在中信证券 2003 年上市并实施股权分置改革后，于 2005 年 8 月后开始流通。换句话说，公司 2002 年的净利润指标实际上远远低于其真实业绩，而 2007 年则正好相反，这成为高复合增长率的重要原因。公司 2002～2007 年间营业利润的实际增长年份只有 2003 年一年，虽然 2005 年该指标的增长率也为正数，但绝对额并未超过 2003 年水平。

从这个角度看，长城开发的运气型增长几乎一目了然，但当你首次面对公司财务报表的时候还真是很可能为该公司的成长性所激动，因为公司同期的销售收入同样实现了 16%的复合增长。对于一个实现了销售收入和净利润双重高增长的公司，“全球第二大硬盘磁头专业制造商，占全球 10%以上的市场份额，中国目前最大的远程控制电表生产商以及国家电表行业标准制订者之一，全球最大的内存条制造商金士顿的大型代工企业”，而整个行业还在以 10%的速度增长，你还会怀疑它的增长性吗？销售收入和净利润的增长率是上市公司披露业绩时最常用的指标，同时也是中央企业负责人经营业绩考核的核心指标，但很遗憾在长城开发的案例上，它们都与企业的实际绩效不符，与之对应的是营业利润平均每年以 -12%的速度下降。2008 年公司归属母公司净利润同比下降 55%，但实际上营业利润水平却略有提升。

如果有公司将这种运气视为一种契机进而进入一个全新领域，这种增长是否就真的可以期待呢？2007 年，新会计准则的变化、流通股的解禁以及股票价格的屡创新高，使得拥有上市公司股权的企业无限风光。许多企业管理层纷纷将战略调整至股权投资上。岁宝热电(600864)由于投资民生银行(600016)而获利颇丰，在2007年年报中管理层明确表示“通过产业结构调整，加大金融和资源类项目投资力度，逐步向金融控股公司过渡”，并将“继续寻找金融类项目、资源优势项目，借助创业板即将上市的契机，积极探索风险投资项目”。类似的企业还可以拉出一个包括雅戈尔(600177)、南京高科(600064)等等在内的长长名单。很显然，如果这些企业并没有相关领域的核心竞争优势，对这类增长的憧憬可能更多的是对下一个馅饼从天而降的期待罢了。

释放型增长

在很多资本密集型行业中，企业首先必须大量投入进而形成巨额资产，但这些资产的利用率或者说经济效益却要经过一段较长的时间才能逐渐体现。在这个体现的过程中企业的绩效呈现出一种不需要额外增加投入的近乎稳定的增长，我们称其为释放型增长。

案例：福建高速(600033)的释放型增长

福建高速(600033)从2002～2007年间的增长就基本属于这种类型。在这5年中公司所拥有的公路资产没有发生重大变化，仍为泉厦高速(泉州至厦门)以及福泉高速(泉州至福州)，在财务报表上反映为公司固定资产从2002年的52.8亿元略微下降至2007年的48.2亿元。上述固定资产在公司投资资本中的比重一直保持在90%左右，为典型的资本密集型行业。但同期公司的销售收入却从约7亿元上升至17.8亿元，净利润从2.6亿元上升至6.3亿元，销售收入和净利润的复合增长率分别为20%和19%。这5年中公司仅仅是在2002年年末对收费标准提高了10%，销售收入和净利润增长的核心驱动要素为随着经济增长高速公路交通量的迅速放大。2002年两条高速公路的合计车流量为3.37万辆／日，而2007年该指标达到7.71万辆／日，复合增长率为18%。公司2008年的增长速度依然稳定，为25%。

释放型增长无论从哪个角度来看都是令人愉悦的。随着销售收入的增长，净利润、现金流、股东回报水平都在稳步提升，还有哪一种增长能比产能的不断释放和资产利用率的稳步提升更美妙的呢？但是，和这个世界上的其他很多事情一样，越美丽的事情往往也越危险。释放型增长对投资者的迷惑性或者说危险性在于：对增长极限的低估、管理层的低效扩张以及成本失控，及更为普遍的为此支付过高溢价。

一般来说，释放型增长总有一个终点，任何资产的效能都不可能是无穷的，它总要受到一些客观因素的限制，因此对增长天花板的判断是理性对待释放型增长的基础。福建高速所拥有的两条高速公路的收费年限分别还有 20 年和 22 年，同时每条高速公路最多承受的车流量也是必须被考虑的要素。现实中由于历史上的稳定增长以及未来资产效能释放的预期，往往使投资者忽视了这一极限的存在。这种忽视有时候更是由于管理层雄心勃勃的扩张规划而被贴上了一个貌似理性的标签，而事实上大部分扩张不仅无法延续历史上的增长态势，还很有可能将本来的胜利果实化为乌有。

在释放型增长下，由于收益的增长，同时又不需要相应的资本支出作为支撑，企业的现金不断累积。但大量现金所造成的结果常常并不是额外的分红，而是管理层的扩张蓝图。在福建高速 2007 年年报中，公司计划投资近 153 亿元对现有的两条高速公路进行扩建，这相当于现有固定资产的 3 倍，工程计划于 2008 年开工并于 2010 年左右完成。扩张本身并无所谓对错，关键在于这种扩张的回报是否真的会让人满意。就福建高速而言，153 亿的新增投资与由此带来的车流量的增长成为影响其股东价值的关键。但一般来说，就像众多成功电影的续集一样，能够达到首期成绩的少之又少。

福建高速的投资成效还有待观察，但峨眉山(000888)的价值毁损却已成为事实。虽然从 1997 ~ 2007 年，峨眉山的游客人数从 60 万人上升至 192 万人，同时在 2001 年和 2003 年两次提高门票价格，从而实现了销售收入 10 年 18%的复合增长率。但同期净利润的复合增长率仅为 4%，甚至低于物价上涨的水平(对该案例的详尽分析见本书第二章第二节“现金为王”)。造成这种结果的重要原因不在于峨眉山旅游业务的释放型增长没有实现，而在于管理层将旅游业务所产生的现金源源不断地投资到了一个几乎从来没有创造过利润的酒店业务上，而且还为此进行了增发和借入大量的银行贷款。所有释放型增长能够为股东带来的收益都随着这种低效的投资灰飞烟灭了。

除了警惕管理层的扩张冲动外，面对释放型增长投资者往往容易支付过高的溢价，因为这种增长机会太明确了、太美妙了，因而也太容易让人眩晕了。峨眉山自上市以来至 2008 年 11 月 19 日的 2678 个交易日里，平均市盈率水平为 48 倍(以当年年底实际 EPS 计算)，2007 年 9 月达到了惊人的 96 倍，只有不到 14%的交易日市盈率水平小于 30 倍，而大于 50 倍市盈率的交易日高达总交易日的 46%。这些都反映了投资者对公司未来增长的强烈预期。抛开公司实际运营绩效与预期增长率的差异不谈，如果股价中已经合理地反映了公司未来增长所可能带来的价值，那么投资者支付上述价格后所可能获得的收益将不是来自于公司是否真的按照预期在增长，而是来自公司是否能超过预期增长，因为预期的增长只不过是在收回你的成本而已。

环境型增长

在讨论 GDP 等宏观经济指标的增长率时通常都要剔除物价上涨因素的影响，以衡量国家真实的财富创造水平。一般来说，对企业的销售收入和净利润并不做类似分析，因为在公司分析的范畴里所有的参照物都是以名义价格标记的，使用名义价格口径并不影响分析的本质。但如过去几年所显示的，当商品价格的变化成为企业增长的主导因素时，它通常意味着企业当前增长的大部分是由环境因素造成的，而并非出自企业内部的努力或者核心竞争能力的改善。当这种环境型增长发生时，理性的投资者必须清醒地认识到它肯定会在不久的将来结束，因为和股市一样，任何东西都不可能存在单边和无限制的上涨，不管它多么稀有以及不可或缺。从 2002～2007 年，国内很多企业的运营业绩中都或多或少地包含着环境型增长的因素，典型行业包括煤炭、石油、有色金属、化肥以及被最为广泛关注的房地产等。

案例：万科(000002)的环境型增长

以公认的成长型公司万科(000002)为例，从 2002～2007 年公司净利润从

3.8亿元直线上升至48.4亿元，销售收入达到355亿元，一举成为当年《财富》中国100强企业中唯一一家房地产类公司，5年的复合增长率达到66%，最低的年度增长率也达到了42%。万科良好的品牌形象以及令人瞠目的增长速度使其成为资本市场上最受追捧的公司之一。

2007年8月，公司成功以31.53元/股发行超过3亿股，融资近100亿元，有95家机构投资者参与认购。公司股票当时的市场价格为34.79元，以2007年EPS计算近50倍PE，增发价格相当于近45倍PE，投资者对万科的未来增长寄予了无限热情。实际上承担这种热情的主体在很大程度上并不是以王石为首的万科团队，或者说并不是万科本身，而是一个谁也不可能控制的环境因素——商品房价格。

使用万科的年度结算收入和结算面积来近似计算年均房屋销售价格，2002年为3964元/平米，而2007年为8936元/平米，如果剔除房价因素的影响，以2002年房价和公司的净利率水平测算公司2007年业绩，2002~2007年其净利润的复合增长率为28.6%，而由于2008年以来的商品房价格大幅下降，2008年成为万科首个负增长的年份，归属母公司净利润的增长率为-17%。

环境型增长毫无疑问会给企业和股东带来巨大收益，但稳定性极差是它面临的最大问题。事实上很多情况下它只是一个上下波动的轨迹中上升的那一小段。这一小段却经常被投资者的放大镜升级为一条直线，将其视为一种长期，至少是中期存在的趋势。与释放型增长一样，环境型增长也存在一个客观的极限，例如商品房的价格或者石油的价格到底能达到多高。但与释放型增长不同，环境型增长的影响因素更为复杂，更多的是宏观或者中观的因素，这些因素的影响逻辑和影响程度并不那么一目了然，并且其本身也处于不断的变化中，因而也就更增加了环境型增长的迷惑性。

案例：盐湖钾肥(000792)的环境型增长

盐湖钾肥(000792)，一家以氯化钾为核心产品的化肥公司，以其在资本市场上的强劲走势已经变得无人不知无人不晓了。其2002~2007年净利润的复合增长率达到61%，在2007年关于盐湖钾肥的研究报告中，几乎无一没有提到氯化钾价格的持续上涨，并判断这种趋势仍将继续。其中一篇是这样解释这种必然趋势的："钾肥是农业生产中不可替代、不可缺少的必需性肥料。中国是世界上钾肥资源最短缺的国家。钾肥行业是一个典型的寡头垄断行业。"等等。而"世界人口的增长，人们对粮食和肉类的需求，以及能源危机导致的生物乙醇的广泛使用等都导致世界需要更多的钾肥"。然而仍然是在这篇研究报告中所引用的氯化钾价格的历史走势图中却发现，从 1996~2004 年的近 20 年中氯化钾的价格几乎没有发生任何变化，甚至还有小幅下跌，即便是从 2004~2007 年也只是从 100 多美元 / 吨上涨至不到 200 美元 / 吨。真正的大幅上涨只不过是 2007 年中期到现在的事情。而在 2003 年的一份研究报告中，几乎上述所有因素同样被提及，但结论却是"世界钾盐资源相当丰富，钾肥市场长期过剩。钾肥价格经过 1999~2002 年的下跌之后有望小步回升。"

或许当前房地产价格的下跌已经为环境型增长做出了最好的注释，这种增长不是不美妙，不是不真实，而是很可能不长久。由于它常常是行业周期波动中的一部分，因此在环境型增长的后面常常跟随的是环境型衰退。盐湖钾肥在 2008 年依然实现了 38%的增长，那么以后呢？

融资型增长

上述三种增长类型在很大程度上都比较被动，它们依靠损益表自身的因素发挥作用。主动增长则需要企业增加资金投入，通过资产负债表来影响损益的变化。增发股份通常是这种投入的重要资金来源，对价可以是现金也可以是资产。所有的上市公司在 IPO 时就开始了首次的融资型增长之旅。在很多人的理解中，这种增长仅仅表现在销售收入和净利润等规模指标方面，因为增量资金进入的同时也对应着原有股权的稀释，因此 EPS 仍然是考察企业真实经营绩效的核心指标。但这种理解并不全面。

增发股份对原有股东的影响在于两个方面，一方面由于新资金的注入和使用，企业未来的收益会有所提高；另一方面，股数增加也会对未来的收益造成稀释。对原有股东 EPS 的实际影响由这两方面综合形成。只有在这两个相反的作用力正好抵消时，股份增发本身才不会对 EPS 造成影响。但从 A 股现有的市场环境以及增发规则来看，在企业绩效稳定的前提下，EPS 一般都会被股权融资直接推动，升高的幅度则取决于当次增发的两个核心要素：增发融资的规模以及增发对应的 PB。

案例：保利地产(600048)的融资型增长

2010 年 2 月 4 日保利地产(600048)发布 2009 年财报，又是大获全胜的一年：公司营业收入增长 48%，归属母公司所有者净利润增长 57%。公司的 EPS 也一路高歌猛进。2009 年的 EPS 为 1 元 / 股，考虑到公司 2007 年和 2008 年每 10 股转增 10 股，2009 年每 10 股送 3 股，当初 2006 年底的每 10 股已经是如今的 52 股，可比 EPS 已经从 2006 年底的 1.2 元 / 股高速增长至 2009 年底的 5.2 元 / 股，为当初的 4.3 倍，3 年复合增长率达到 63%，原始股东可谓是获益颇丰。自 2006 年上市以来，保利地产以持续的高增长塑造出了一个强劲的成长型企业形象。

房价当然是保利地产高增长的重要原因，结算房价从 2006 年的 5506 元 / 平米上升至 2009 年的 8363 元 / 平米，为期初的 1.5 倍。与房价同样凶猛的是公司的股权融资。2006 年公司首次 A 股发行融资近 21 亿元，随后在 2007 年公开增发融资 70 亿元，在 2008 年发行债券融资 43 亿元，2009 年再次非公开发行股票融资 80 亿元，上市 3 年中，公司股票融资的金额是首次融资金额的近 7.5 倍。截止 2009 年底，保利地产共拥有债权和股权投资共 555 亿元，是 2006 年底 89 亿元的 6 倍多。这些融资都有效地带动了公司每股净资产的提升，进而形成对保利地产 EPS 的强劲推动。

以保利地产 2009 年的增发为例，公司增发 3.3 亿股，发行价格为 24.12 元 / 股，发行前的总股数为 31.9 亿股，相当于约 1 股增发 0.1 股。以 2008 年底净资产测算，发行前公司每股净资产为 4.4 元 / 股，发行价对应的 PB 约为 5.5 倍。发行后，原有的 1 股加增发形成的 0.1 股对应 6.8 元权益投资，每股净资产提升至 6.18 元 / 股。提升幅度将近 40%，这一点也在公司的增发公告中进行了明确说明。鉴于 EPS 等于每股净资产与 ROE 的成绩，显然如果保利地产未来的 ROE 不发生大的变化，未来的 EPS 必将同步增长。

这其中的逻辑非常简单，只是很少有人关注。其核心在于新旧股东投资的 PB 差异。对于参加再融资的新股东来说，由于其支付的对价将全部进入上市公司，所以对应的 PB 总等于 1。而对于原有股东来说，市场对应的 PB 一般总是大于 1 的，因此融资的结果必然是每股净资产的增厚，进而是 EPS 的提升。

从 A 股市场的现状来看，在大多数情况下，股价所对应的 PB 都大于 1，而增发价格一般都依照发行前 20 个交易日的平均价格来确定底线，此时，如果企业的 ROE 不为负且保持稳定，那么 EPS 的提升就是必然的。融资就能成长，成长就又可以得到融资，这几乎形成了一个完美的正相关循环，推动企业规模和股票价格超越一个又一个高峰，这也成为国内房地产企业这些年高速发展的典型路径。万科当然也不例外，从 2002 ~ 2007 年，万科在 6 年中进行了四次融资，分别于 2002 年和 2004 年发行可转债，于 2006 年和 2007 年完成股份增发，共计 177 亿元，不考虑每次融资在日后年度带来的收益留存，四次累计融资额占公司 2007 年投资资本的 30%，为公司期初投资资本的 4.3 倍。显然，在万科的高增长历史中融资同样具有显著的推动作用。通过以融资数额及公司年度的投资资本回报率近似测算融资带来的收益，公司剔除融资因素后 2002 ~ 2007 年绩效的复合增长率将下降 10 个百分点。

这一路径的完美之处还在于从表面上看似乎并没有谁受到损失，原有股东自不必说，新的股东也是按照市场价格买入，且买入后即可以享受 EPS 的提升。在这里，PB 大于 1 是所有问题的关键，这说明投资者总是要求低于企业 ROE 水平的回报，如果投资者要求的回报是合理的，那么上述现象意味着企业拥有获得超额回报的能力。上述 EPS 的融资型增长则是对原有股东已经占有这种超额回报能力的报偿。虽然是否真的拥有这种能力很值得怀疑，但这并不影响上述逻辑的顺利实现，PB 越高、融资能力越强、相对于现有资本的融资规模越大，则原有股东所获得的融资性收益就越高。

融资型增长的首要问题是这种增长模式很大程度并不大可能持续发生，或者经常发生。类似保利地产和万科如此频繁的成功融资是大多数企业可望而不可及的。即便是对于万科，如果还希望将来的增长率中融资的推动效力保持不变，以仍为初始投资的 4 倍测算，公司需要在未来的 5 年内实现 2400 亿左右的融资规模，这显然并不是一个容易实现的目标。但当乐观的投资者在不加分析地看完企业的历史增长轨迹后常常会忽视这一点。

同时，如果融资的时机把握不当，融资型增长对于原有股东来说并不见得总是有利的。因为融资是以未来收益的索取权为代价的，对于原有股东来说，收益是公司的融资额在未来能够带来的利益，而成本则是新股东对公司的全部收益在未来所享有份额。在金融学理论中融资本身并不会创造任何价值，因为在有效市场假设下市场总是能合理地为未来的收益定价，无论是对原有股东还是新股东，成本和收益都将趋于平衡。但现实中的市场毕竟不是有效的，当市场严重低估公司的真实价值时，融资带来的很可能是对原有股东利益的损害。

案例：万科(000002)可转债融资对原股东价值的影响

在万科的四次融资中，可转债累计转股 7.67 亿股，结合公司在 2004～2007 年间的三次转增，可转债新增股份约为 14 亿股，占 2007 年年底总股数的 20%。如果以每年 10%的贴现率估算，两次可转债募集资金合计在 2007 年的现值约为 51 亿元。不知道万科的股东们对以 51 亿元出售 20%的股份作何感想。而 2007 年的增发中，融资 100 亿元所对应的股份为 3.17 亿股，占 2007 年年底总股数的 4.6%。截止到目前，上述股份经过转增约为 5 亿股，按照公司当前 7 元 / 股左右的价格将这部分股份全部回购只需要 35.5 亿元，公司将因此而净赚约 64 亿元，而公司 2007 年全年的净利润为 48 亿元。

不论融资为原有股东带来的是收益还是损失，如果规模的扩大和企业核心竞争力的改善没有太多的关系，那无非是新老股东利益间一场零和游戏的博弈。正常情况下，在希望通过对历史的总结得到对未来增长的有效线索时，融资型增长都应该从中剔除。

内涵型增长

企业依靠自身积累所实现的增长经常被称为内涵型增长。与融资型增长不同，内涵型增长所需要的资金投入来自原有股东自身，而不是吸收新的投资者，这也使得对收益和成本的比较相对单纯。原有股东投入了在公司中的利润留存，并将全部占有这些留存在未来能够带来的收益。所以内涵型增长总是可以被期待的，这是一个收益不断滚存从而实现复利的过程。与上述所有的增长模式相比较，内涵型增长更传统也更根本。

但回报水平已然决定了内涵型增长的极限。鉴于一般企业的回报水平都会在一个正常的区间以内，因此内涵型增长将注定不会那么的令人兴奋。不但如此，还有两种不可忽视的力量在不断地消耗着内涵型增长的动力：潜在投资空间的缩小以及边际回报的递减。这已经在上一节进行过深入讨论。因此，内涵型的高增长并不多见，即便有也常常是以极高的杠杆撬动为代价的。

案例：苏宁电器(002024)的内涵型增长

苏宁电器(002024)从2002～2007年实现了惊人的94%的复合增长，这一不可思议的复合增长率对应的是稳定的年度高增长率，除了2004年公司的增长率为72%以外，其余4年的增长率均在90%以上。2008年在金融危机的背景下增长率依然达到48%。在苏宁电器的增长中，包括了前文讨论的环境型增长与融资型增长的推动，但与其他公司相比，其内涵型增长的作用更为明显。根据ValueTool公司绩效数据库所做的另一项研究显示，苏宁电器的资本回报水平也同样位列A股之首。从2003～2007年，公司ROE最高达到71%，最低也达到了42%(以上年净资产为基准计算)。与此同时，公司的留存比例也非常高，公司只是在2004年和2005年分配了约为当年净利润5%和3%左右的红利。在中国的资本市场上，苏宁电器的成长性几乎没有遭到任何人的质疑。但这种增长在很大程度上缘于公司非常规杠杆模式的支撑(具体见本书第三章第三节“杠杆的秘密”)，这已经超出了对增长率本身讨论的范畴。

在婴儿出生的第一个月，身高增长速度的标准值约为10%，这一指标在婴儿出生的第一年为50%，但没有人敢期望以这样的速度长期增长。虽然企业的发展轨迹并不完全等同于人的成长，而且还可以通过各种手段来减缓甚至阻止增长的衰减，但生命周期的总体趋势却几乎不可改变。随着企业规模的不断扩大，有利可图的投资空间越来越少，随着规模所产生的有利效应逐渐饱和，以及各类竞争者的参与，企业的回报将逐渐下降至合理水平。这些反方向的力量将随着企业规模的不断扩大而逐渐加强，公司未来的增长将是各种正反力量综合博弈的结果。从历史经验来看，任何一种增长也不可能被寄予过高期望。

在现实中，企业的增长总是多重因素综合作用的结果，任何一个企业都不可能被简单地归结于某一种单一的类型。而且各种增长因素之间也是相互作用的，例如环境型增长同时也会提高公司的回报水平，并对内涵型增长形成促进。如果企业将运气型增长形成的收益运用到满意回报的投资领域，同样也可以转换为稳定的内涵型增长。而对于大型投资项目的内涵型增长很可能在一段时间内表现为释放型增长，等等。之所以对增长进行以上探讨，并不是为了在上市公司的历史增长率上贴上若干标签，而是希望通过对增长驱动因素的分解，使基于基本面分析的投资者能够更合理地理解企业的历史经营绩效，从而对未来的增长做出更为理性的假设。

总体而言，作为一个谨慎的基本面投资者，对运气型增长不应抱有太多幻想，对于那些因为运气而偏离主业的公司尤其要提高警惕，同时融资型增长也应该在假设中尽量剔除，因为这种增长并不稳定，即便未来还会发生，真正能落实到现有股东的还是未知数。另外环境型增长总是危险的，因为它确实难以把握。释放型增长和内涵型增长是令人神往的，但这种增长往往在股价中被给予过分评价，而公司低质量的治理水平更常常使增长为股东带来的价值化为乌有。

增长总是绚丽的，但只有那些真正依靠核心竞争能力而建立起来的增长才应该成为估值的可靠基础。同时，在需要对高增长企业的未来绩效做出预测时，请时刻铭记麦肯锡公司在《价值评估》中的一句话：

企业通常无法维持超常的收入增长。但是，有没有公司能打破这个规律？简单的回答就是没有。

——《价值评估（第四版）》第六章 对投入资本回报率和增的思考

第五章

警惕指标变异

即使是在财务报表的基本分析方面，也仍然有一些独特性质和隐含陷阱，识别和谨防这些陷阱，对投资者来说，是至关重要的。

——《上市公司财务报表解读》(格雷厄姆) 序言

第一节 真实收益

每股收益可能是最常被引用的一项历史财务绩效指标，但是在评估公司绩效时并不是很有用。它综合了融资、一次性项目和其他会掩盖而不是揭示公司真实绩效的因素。那种认为可以用净回报和每股收益将绩效抽象为一个数字的想法完全是错误的。仅仅用每股收益来衡量绩效是有缺陷的，它忽略了权益资本的机会成本。另外，操纵净回报与每股收益也是出奇的简单，尤其是通过与公司经营绩效不相关的一些融资决策。

——《价值评估(第四版)》第十三章 绩效衡量

净利润和 EPS，一直以来就是企业考核管理层业绩的核心指标，也是 PE 估值倍数的分母，反映股东的收益水平。但上市公司财务报表中所披露的净利润在很多方面都存在着对股东真实收益水平的扭曲，这些扭曲部分来源于会计的记录方式，也部分来自于企业管理人员的主观操纵。对于想要了解企业真实经营状况的人们，净利润经常像一个美丽的谎言，既不能反映真相，又非常容易被编造。

因此，格雷厄姆强调，对于年度收益记录不能听之任之并肤浅的停留于数量本身，不加解释和调整处理的收益记录很可能毫无意义。要想通过年度收益记录了解企业的持续盈利能力就必须解决以下三个关键问题：考察期的真实收益是多少？存在于收益记录中的反映公司未来盈利能力的线索有哪些？收益表现中的哪些因素值得考虑，以及在力图获得对股票的合理评价时，应遵循什么标准？前两个问题针对的是对收益记录本身的理解和分析，第三个问题则事关估值水平的选择。从第三十二章到第三十六章，

《证券分析》的主题均集中于各种可能导致损益扭曲现象的讨论。具体如下：

第三十二章 非常亏损和损益账户中的其他特别项目

第三十三章 损益账户中的误导性伎俩，子公司收益

第三十四章 折旧和类似费用与赢利能力的关系

第三十五章 从投资者角度考虑的摊销费用

第三十六章 耗损、其他摊销费用及意外支出的储备

——《证券分析》第五部分 损益账户分析，普通股价值评估中的收益因素

毫无疑问，对真实收益的判断显然是面对企业历史收益记录时的首要工作。70 多年过去了，格雷厄姆提到的诸多收益扭曲的情况在 A 股公司中依然普遍存在。如果不对这些问题有充分的认识，基本面分析的基础就将是脆弱的，这些缺乏质量的数据就像是装满了臭弹的枪炮一样，根本不可能击中目标，甚至会将分析引入歧途。综合起来看，常见的净利润失真主要存在于以下一些方面。

支出的不合理记录

会计中对支出的处理分为两种方式。即所谓的收益性支出和资本性支出，主要依据支出的效益是仅及于本会计期间还是及于几个会计期间。通俗的理解就是该项支出只是当期收入的必要费用，还是会对企业未来一段时间的收入都发挥效用。但由于会计处理遵循“不得多计资产或收益、少计负债或费用”的谨慎性原则，一些支出虽然效益及于几个会计期间，但由于这种效益存在一定程度的不确定性而被作为收益性支出处理。典型的例子就是企业的研发费用以及广告支出等。

一般来说，研发费用会对企业的长期发展产生积极的效益，但既然是研发就存在失败的风险，因此会计上一般都将研发费用作为收益性支出当期冲销。显然，在这种记录方式下，研发支出越多的企业当然净利润就会越低，而如果投资者和管理层过分强调净利润指标，就会使企业削减必要的研究和

开发支出，从而损害企业的长期核心竞争能力，降低股东投资回报。虽然新会计准则规定企业内部开发阶段的支出在一定条件下可计入无形资产，但这显然无法彻底挽救会计失真对净利润指标的影响。

与此类似的还有广告费。对于企业来说，广告费扩大了企业的知名度，并将在未来一段时间内都会对企业的运营产生积极影响，从收益性支出和资本性支出的初始划分标准上看，显然应该归属于资本性支出，并计入无形资产的范畴。但同样是由于谨慎性原则，对于企业自创的商誉会计上并不作为无形资产处理，而是作为收益性支出当期冲销，由此导致的结果和上述研发费用一样。

案例：七匹狼(002029)的广告费

从资产负债表来看，七匹狼(002029)是典型的轻资产公司，2008年末公司总资产约17.7亿元，其中非流动资产5.2亿元，剔除2.4亿元的投资性房地产，其营业性的长期资产仅为2.8亿元，主要为1.2亿元的固定资产和1.1亿元的长期待摊费用。这似乎与常识中理解的品牌服装企业的经营模式一致，由于生产外包并依靠渠道商进行终端销售，企业自身的确没有太多长期资产的投入需求。但与常识不一致的是，这类企业均有一项非常重要的资产，即品牌，这一点却无法在资产负债表上得到丝毫反映。

由于缺乏有形的物质载体，同时其对未来的影响也很难精确判断，品牌价值很难估计。但即便如此，有两点至少应该是明确的，其一，品牌是一种无可置疑的资产，对于七匹狼这样的企业尤其如此，它不仅将对企业未来若干年度的收益产生影响，更是企业经营活动的重要内容。2008年七匹狼年报中“董事会报告”部分对当年总体经营情况的总结首先提到的即为“品牌塑造和市场推广”。其二，企业为品牌的支出是可以明确衡量的，七匹狼2008年广告费和宣传费支出共计1.17亿元，占当年销售收入的7.1%。

由于2008年广告费的增加高于销售收入，因此“广告支出增加过快，销售费用率超出预期，净利率下滑”在七匹狼的研究报告中被频繁提及。在上述分析逻辑下，广告和宣传支出被认为是被动的，是因为当年营业收入的需要而必须发生的，而不是企业维护其核心竞争能力而进行的投资。但由于近

50%的销售费用对应着品牌建设，它已经不同于销售费用的传统含义，费用比率在这里也基本丧失了分析价值。这一点对于香港上市的李宁公司(HK2331)更为明显，由于2008年奥运会等原因，其广告及市场推广开支占营业收入的比例达到了近些年最高的17.5%，较之2007年上升了1.5个百分点，这显然不代表李宁公司管理水平的下降。如果七匹狼大幅削减广告支出，不知道分析人员会不会对其估值水平进行大幅提升。

夸大费用效应的另一面就是弱化了资产效应，虽然不能直接等同于品牌成本，更不是品牌的价值，但广告和宣传毕竟是企业品牌建设中最重要的支出。七匹狼2008年近1.2亿的广告和宣传费与其固定资产净值相差无几。如果考虑到若干年持续广告支出的累积，显然七匹狼的品牌资产将成为其最重要的长期资产。而与李宁公司2008年11.7亿元的广告及市场推广开支相比，七匹狼在品牌资产上的数量级还不能与其相提并论。

其实，广告和市场推广支出的资产化特征非常明显，无论是李宁还是安踏(HK2020)，这部分支出都是其招股书中募集资金的重要投向，其中安踏的该部分投向占融资总额的40%。在费用化的分析思路下，企业的资产特征无法被合理认知，企业的核心经营活动——品牌建设无法在财务绩效中予以合理表现，品牌建设的效率、对企业销售额、毛利率、营运资本的影响等深入分析更无从谈起。

广告支出的费用化导致财务绩效低估了企业合理的收益和资产水平，因此也表现为资本市场上较高的PE和PB倍数，这常常被归结为市场对于品牌的溢价，但其中的因果关系却很少有人提及。在具体分析中，将这类企业的广告费用进行资本化处理，并按照一个合理的期限进行摊销，调整后的财务绩效对于理解企业价值创造的基本逻辑或许更为清晰。

资产减值损益

大额资产减值损失常常会对公司当年损益造成重创，这个被估计出来的损失时常又会在若干年后转变成收益。减值损失的资产来源也十分复杂，既包括无法收回的账款、价格下跌的存货，也包括濒临报废的固定资产、亏损巨大的长期投资等，是真实的毁损还是无关痛痒的数字游戏？简单的全盘接受或者置之不理都不足以消除其对判断企业真实经营绩效所可能造成的扭曲。

根据 ValueTool 公司绩效数据库，在 1389 家非金融行业 A 股上市公司中，2002~2007 年 90%以上的公司都存在或多或少的资产减值损失或者转回，其中，当年转回的资产减值损失占当年计提资产减值损失的比例在 10%左右。2006 年达到最高值 19%，这显然与下一年即将实施的新会计准则规定部分资产的减值损失一经提取不得转回有很大关系。整体上，资产减值损失对净利润的影响从 2005 年开始有了明显的下降，2002~2004 年一般在 11%左右，而 2005~2007 年下降到了 6%左右。2007 年有 57%的公司资产减值损失与净利润相比高于这一平均水平。2007 年，净利润为正，但当年转回的资产减值占净利润比例在 20%以上的公司有 26 家。

最为常见的资产减值损失来自于应收账款，在上述 26 家公司中几乎全部存在。对于应收账款计提的损失及损失转回的收益，分析中更重要的是判断它是偶然性的还是经常性的，并根据性质调整其对诸如应收账款周转率、回报比率等财务指标的影响，以便作为绩效预测的合理基础。对于经常性发生的减值损失必须将其损失与转回的净额视为一种长期存在的成本或者费用在绩效分析过程中予以体现。

固定资产的减值损失虽然不算常见，但往往金额巨大。不过一般来说都属于一次性的，不应作为企业真实经营绩效的影响因素。对于企业固定资产等长期资产所造成的减值损失，分析的核心是看这部分资产是否还在正常运行和使用，对于仍在正常使用的，这种计提的损失对于投资判断没有任何意义，因为这些资产的价值完全在于它对企业运行的贡献，而不在于当期的市场价格。在这种情况下，如果想反映 PB、ROE 等指标的客观状况，就需要还原计提和转回的影响，上述会计处理之前的资产、负债、损益状况更能说明企业的实际情况。

案例：津劝业(600821)的固定资产减值损失

2000 年由于自主建设的新大厦产权纠纷，并最终由法院裁决部分楼层归属他人，津劝业(600821)计提了共计6600万的固定资产减值损失，并于2006年以"主要经营场所价值回升"为理由予以转回，两次会计处理都对当年的损益造成了巨大影响。但这种损失实质上是虚构的，津劝业运用一定资金建造了部分营业场所的经济事实在任何时点都没有发生过任何变化。

另一种常见的资产减值损失来自存货，但如果不是这些存货彻底报废或者已经变卖，而是将继续用于生产中的原材料或者将用于销售的产成品，这种损失的计提并没有太多意义，只不过是对将来可能减少的收益的一次提前汇总。类似这样的存货减值属于对未来若干年度盈利能力下降的集中处理，由此形成的财务数据不仅在当年混淆了企业的实际盈利能力，而且还将导致未来若干年损益数据与企业真实盈利状况的扭曲，由于存货的减值允许在未来年度冲回，这也常常成为企业管理者调控净利润的手段。

案例：四维控股(600145)的存货减值

四维控股(600145)在2008年共计提资产减值近1.97亿元，约占公司当年营业收入的88%，其中的1.75亿元来自存货。按照公司公告，由于金融危机导致出口业务大幅萎缩，造成大量产品积压，因而对产成品计提了大额减值准备。公司在大额减值之后随即开展了股权转让以及与上述减值资产相关的卫浴资产剥离，这两种行为在时间上的紧密联系可能使上述减值处理已经超出了纯经济分析的范畴。

总之，对各类资产减值必须进行具体分析和区别处理，分析的重点就在于减值背后的具体原因对企业持续盈利能力所造成的影响。

营业外收支

营业外收支指企业发生的与日常活动无直接关系的各项收支，例如固定资产的处置收益、债务重组收益、捐赠收入等。一般来说，由于其营业外和非持续特征，这些收益对净利润的影响应予以剔除，以使财务数据更合理地反映企业持续盈利能力的大小。

案例：新都酒店(000033)的营业外收入

新都酒店(000033)在2008年的净利润为353万元，相对于2007年增长近86%，但实际上这完全是营业外收入的功劳，公司当年的营业外收入为营业收入的35%，高达2396万元，其中的近2000万元来自两项诉讼，显然剔除上述影响后的-1659万元的营业利润更能反映该公司的实际绩效。

但对一些公司来说，将营业外收入从损益中进行全额剔除的处理方式可能过于谨慎，因为这些公司的营业外收入显著的具有营业内的特征。根据ValueTool公司绩效数据库，在1573家非金融类上市公司中，2008年营业外收入大于1000万元且大于等于营业收入5%的公司共有163家，其中连续3年符合上述标准的公司有20家。在这20家公司中，绝大多数的营业外收入都具有营业内的特征，集中表现为政府补贴和税收返还。如果营业外收支具有持续和稳定的特征，并且从性质上也与企业当前的主营业务息息相关，那么此类营业外收支就应该与营业内收支同等对待。

案例：长江电力(600900)营业内的营业外收入

2008年，长江电力(600900)的营业外收入高达7.25亿元，占公司当年营业收入的8%，该部分收入基本上全部为增值税返还款。按照财政部和国家税务总局的相关批复，葛洲坝电站和三峡电站对外销售电力产品按应税收入的17%计算缴纳增值税，税收负担超过8%部分实行即征即退政策。因此从2003~2008年的6年中，长江电力的营业外收入一直稳定在营业收入的8%~9%之间，是公司一项非常重要的收入来源。显然，这部分收入无论从稳定性、持续性还是与现有业务的关系上，都完全具备营业内的特征，简单的剔除必然会大大低估长江电力的盈利能力。

类似于长江电力的情况在公用事业领域非常普遍。例如富龙热电

(000426)每年收到的供热补贴、首创股份(600008)每年收到的京通快速路补贴收入等等。除了公用事业行业以外，国家鼓励发展的行业也常常会出现类似的情况，用友软件(600588)的增值税退税返还从2002~2008年一直稳定在营业收入的7%~8%之间。丰原生化(000930)由于生产燃料酒精而收到的补贴收入在2007、2008年都达到了8亿元，约为当年营业收入20%左右。但也并不是所有的税收返还和政府补贴都符合上述特征，如果不符合持续性和稳定性的特征，这类收入仍然应该作为非经常性损益予以剔除。

案例：长春经开(600215)的营业外收入

长春经开(600215)2005~2008年的营业外收入都保持在1.5~2.0亿元之间，相当于公司当期营业收入的约50%~100%，2007年2.1亿元的营业外收入比公司当期的营业收入还高。这些收入的大部分同样为政府补贴款，但补贴性质在年度之间却相差迥异。从电力补贴、会展补贴，到土地开发解除协议补偿款等，名目繁多，不一而同。这些补贴和企业的主营业务之间并不存在稳定的依附关系，更像是其实际控制人长春市国资委为避免该公司陷于亏损窘境而采取的掩饰手段。因此在判断公司的真实收益时，这些收入都应该予以剔除。

另外，作为一个综合性的科目，营业外收入总额还会受到其他因素的影响。上例中用友软件的增值税返还十分稳定，但据此将所有营业外收入均视同为公司持续盈利能力的一部分则可能出现较大偏差。公司2008年2.24亿元的营业外收入中只有1.33亿元属于增值税退税返还，其余的部分则来自用友大厦出售等其他渠道。比上述错误更隐蔽同时更危险的错误来自对上述补贴以及税收优惠政策时效性的判断。福建高速(600033)在2004年之前每年都有近1亿元左右的补贴收入，约为当期营业收入的10%左右，但该补贴政策只持续到2004年6月。同样，按照《关于鼓励软件产业和集成电路产业发展所以有关税收政策问题的通知》，用友软件的增值税优惠政策也将于2010年到期。对该政策走势的判断将极大地影响对用友软件持续盈利能力的评估。

所得税费用

政府就像是企业的另一类股东，它不需要投资却可以分享一块利润，它拿走的越多，留给现有股东的就越少。所以所得税率从来都是影响企业当期绩效甚至是股权价值的重要因素。按照税法，企业都应该将税前利润的25%交给政府，但现实执行中的结果却常常与此大相径庭。

在我国，总是存在各种各样五花八门的所得税优惠政策，这些优惠政策经常逐年变化，而且在企业及其合并报表的各个子公司之间也可能并不相同。企业合并报表中的所得税额就是这些繁杂优惠政策的综合结果。

案例：信雅达(600571)的所得税率

根据信雅达(600571)公司2007年年报，由于被认定为国家规划布局内重点软件企业，公司自身的所得税按10%计缴，其大连、杭州的三家子公司分别处于“两免三减半”税收优惠的减半期，所得税率为7.5%，而宁波子公司虽然也有同样的税收优惠，但由于没有被认定为高科技企业所以减半后的所得税率为16.5%，除此之外子公司的所得税率水平还有0%、15%和33%。

优惠税率显然可以给股东带来实实在在的好处，但问题在于这种优惠是否可以持续，按照现在最为普遍的“两免三减半”的优惠政策，企业的绝大多数所得税优惠税率都将在未来几年内丧失。因此从判断企业持续盈利能力的角度出发，这类短期影响因素应该予以剔除。

公允价值变动损益

由于新会计准则的实施，公允价值一词在上市公司财务报表中频频出现，资产公允价值的变动在很多公司甚至成为净利润的重要来源。公允价值是与账面价值对应的，通俗的理解，就是一部分资产的价值以前一直按照历史成本计量的账面价值核算，现在这部分资产将按照当期该资产的市场价值进行核算。由于市场价值总是在不断变化的，这种变化就形成了一种收益或者损失，表现为损益表中的公允价值变动损益。按照这种方式核算的主要科目有交易性金融资产与投资性房地产。根据 ValueTool 公司绩效数据库统计，2007 年在非 ST 和非金融类的 1347 家 A 股上市公司中，公允价值变动损益与净利润的比值高于 10%的公司有 50 家，其中高于 100%的公司有 6 家。

举例来说，如果一个企业以 1 元 / 股的成本进行了 1000 股股票投资，该股票在年底的价格为 2 元 / 股。在原准则下，企业计短期投资 1000 元，只有在股票出售时才核算损益。而在新准则下，企业在年底即计交易性金融资产 2000 元，同时计 1000 元的公允价值变动收益。显然，公允价值变动损益的本质是资产现值的变化，无法代表企业的年度真实收益，希望该收益持续发生则更不现实。虽然从财务数据上看相差甚远，但企业本身没有发生任何变化，会计制度的变化不会也不应当影响到对企业真实价值的判断。在分析企业真实收益时首先就应该剔除公允价值变动损益，以及由此导致的所得税中的递延所得税变化。

与股票投资一样，公司的房地产投资也可以按照公允价值模式进行计量。按照新会计准则的规定，投资性房地产指可以单独计量和出售，为赚取租金或者资本增值而持有的房地产，具体包括三大类，即已出租土地使用权、持有并准备增值后转让的土地使用权、已出租的建筑物。既然是按照公允价值来衡量，投资性房地产公允价值的变化显然也应该在真实收益的判断中予以剔除，但对于投资性房地产的公允价值计量模式，问题还远远不止这些。因为按照会计准则的规定，公允价值模式计量的投资性房地产是不需要计提折旧的。

再举例来说，如果一个企业以 1000 万的成本购得一处房产，该企业并不准备在该房产的寿命期内对它进行出售。假设该房产每年可以获得 60 万租金，年折旧为 20 万元，不考虑其他成本和税收，该房产所产生的年度净利润为 40 万元。如果该房产年底的市场价格上升至 1200 万，则在公允模式下，企业可以记录 200 万公允价值变动损益，并勾销 20 万元的折旧费用，当年的损益变成 260 万元。即便剔除掉公允价值变动的影响，企业的收益还是被虚增了，因为无论如何，折旧都是一项必要的成本。

案例：金融街(000402)投资性房地产的公允价值计量模式

金融街(000402)在2008年3月发布公告《对投资性房地产采用公允价值模式进行后续计量》，理由是："公司董事会认为：采用公允价值对投资性房地产进行后续计量是目前国际通行的成熟方法，可以更加真实客观地反映公司价值，有助于广大投资者更全面地了解公司经营和资产情况。"由此公司开始对投资性房地产，包括金融街购物中心、金树街和C3四合院项目等，合计建筑面积约为18万平方米的房地产项目采用公允价值模式进行后续计量。至2009年6月公司实行公允价值计量的投资性房地产项目合计约21.82万平米。公司投资性房地产几乎全部为公司的出租物业，在2009年半年报中，公司记录公允价值变动损益7.9亿元，同期的租金收入为1.25亿元。

实际上，对房地产采用公允模式进行计量除了能让资产负债表和损益表更光彩一些以外，不会有任何实际意义上的价值。而这种更光彩在很大程度上并没有让财务数据"更客观地反映公司的价值"，甚至是在人为地误导投资者对企业的绩效判断。当投资性房地产采用价值模式衡量后，在房地产普遍增值的背景下，公司一方面可以和以前一样将该房地产租金收入计入营业收入，同时又可以将资产升值的部分计入公允价值变动损益，而这两样东西你永远只能拥有其中之一，想要现值就必须把房子卖掉，想要租金就别惦记着房子现在值多少钱，这和股票红利和股票现值的道理是一样的。在人为增大收益的同时，公司还可以通过勾销折旧来有效的降低费用。如此一箭双雕的会计处理也许对于那些只盯着净利润的投资者或者大股东来说是让人兴奋的，但这也将仅仅是兴奋而已，因为它并不会带来更多的额外回报。

透明盈利

在会计上，对长期股权投资的处理比较复杂，总体说来分为两种方法：成本法和权益法。在成本法下，长期股权投资在资产负债表上按照初始成本进行计量，同时只有在该股权分配现金红利时才记录投资收益。在权益法下，长期股权投资在资产负债表上按照其实际在该公司对应的权益进行计量，只要该公司权益增加，就会在损益表记录投资收益。由此导致的一个问题是如果企业的长期股权投资的股权比例较小，而该股权并不分红，则很可能造成对公司资产真实收益水平的低估。当然，相反的情况也同样存在，如果该股权进行了高比例分红，则很可能会高估企业当期的盈利能力。这已经成为不少上市公司盈余管理的重要手段。

这种情况同样存在于巴菲特领导的伯克希尔公司。由于一些重大投资占被投资企业的权益不足20%，巴菲特的伯克希尔只能按照会计准则将从这些企业获得的现金股利计入收益。但正如巴菲特所说：

虽然我们报告的营业利润只反映从这样的公司收到的股利，但我们的经济收益取决于它们的收益，而不是它们的股利。

——《巴菲特致股东的信》第六章 会计与估值

因此，为了更好地反映经营状况，巴菲特采用“透明盈利”的概念——即公司在被投资企业的留存收益，减去这些留存分配时的应缴税款——来计量公司的实际收益。这相当于使用权益法对成本法计量的长期股权投资进行调整。

除了会计记录方法本身的问题以外，管理层还可以通过一些非会计手段控制净利润水平，例如改变企业债务融资的比重以减少财务费用，进而增加企业净利润。更为严重的还有放弃对现金流的管理，通过过度放宽销售回款条件等方式以取得账面销售收入的增加，从而提升企业账面净利润，这些都会对企业的财务安全和长期发展带来巨大隐患。

总之，净利润并不是一个完全值得信赖的衡量股东回报的指标。投资者在分析公司的净利润时，一定不能只关注净利润指标的大小，更要时刻警惕净利润指标可能存在的失真。净利润的质量和持续能力才是影响企业价值的关键要素。

第二节 会计玄机

> 这些错综复杂的公司会计方法和财务政策，无疑为证券分析家的活动开辟了广阔的天地。敏锐的探究工作具有无限的机会，包括周密的比较、发现并揭露与公布的“每股收益”所反映的情况大相径庭的内幕。
>
> ——《证券分析》第三十七章 收益记录的意义

任何讨论都必须有前提，会计准则和会计政策就是讨论会计数据的前提。没有这个前提，会计数据的经济意义就必然是模糊的，甚至是扭曲的。

2006 年 8 月 1 日，财政部开始对《企业会计准则应用指南》征求意见，该会计准则将于 2007 年在上市公司范围内应用。因此也引起了相关各方的广泛讨论。《上海证券报》8 月 3 日一篇名为《新会计准则将使上市公司净资产膨胀 2500 亿》的文章颇具代表性。从文章字面或者作者希望表达的意愿来看，似乎会计准则的变化将引起股东价值的一次飞跃。所持依据主要在于新会计准则规定“少数股东权益在所有者权益项下列示”，而在原准则中，该科目在所有者权益之外列示。当然这只是作者的一厢情愿。如果真是这样，在财政部公布会计准则的同时，甚至是在这个消息走漏的同时，A 股市场必然会出现一个井喷走势，像以前所有的政策行情一样让所有的投资者皆大欢喜。稍微有些常识的人都看得出来，“在所有者权益项下列示”和“是真正的所有者权益”是完全不同的两个概念。

从理论上讲，会计准则的变化只是调整了企业记录会计信息的方式，从而使财务数据更透明、清晰、容易理解和使用，以提高企业财务数据质量。对企业经营绩效的判断并不是仅仅基于财务数据本身，而是财务数据之后所反映的企业的真实经营状况。所以会计记录方式的改变虽然可能会引起公司账面资产或账面收益的大幅改变，但公司的价值并不会因此而发生同样的变化。与会计准则类似，会计政策也属于会计数据的前置条件，在准则允许的范围内，企业选择不同的会计政策，相关的财务科目就可能产生很大变化。但这同样也不会对企业的基本面造成任何影响。

基本面分析的实质是以财务数据为基础，基于具体的会计准则和会计政策，去探寻财务数据背后真正的基本面动因。而不是反其道而行之，将决定性的基本面因素置之不理，直接从财务数据本身做出判断。也正是因为这样，理解会计准则、会计政策这些财务数据的前置条件，是把握财务数据，进而探寻基本面要素的必要前提。

折旧摊销

按照会计上的规定，折旧是指在固定资产使用寿命内按照确定的方法对应计提折旧额进行的系统分摊，对同属于企业长期资产的无形资产则应在预计给企业带来效益的年限内分期平均摊销。但对于具体固定资产的使用寿命就由企业自己判断了，属于会计政策的范畴。一般来说，固定资产的使用年限只是一个基本的区间，选择下限和选择上限所造成的年度折旧费用就会有很大的差异，上述会计政策的差异当然会造成企业在相同经营绩效下财务指标的截然不同。

案例：A股路桥类公司的折旧差异

对路桥类公司，既存在以路桥资产形式按固定资产核算的情况，也存在以收费权形式按无形资产核算的情况。在我国会计实务中通常按取得方式的不同进行不同的会计处理，对于通过投资建造取得的公路收费权作为固定资产核算，而通过受让取得的公路收费权则作为公司的无形资产进行核算，现代投资(000900)最为典型。现代投资按无形资产核算岳阳107线、长潭高速公路、湘衡高速公路、衡耒高速公路的收费权，而对自己投资兴建的长永高速公路则按照固定资产核算。最有趣的情况出现在长潭高速资产上，其中

11.3亿以收费权出现，而3.8亿的改造投资被计入固定资产。但这并不是本质性的差别。

根据会计准则，对于路桥类公司的这些资产既可以采用直线法也可以采用车流量法计提折旧。直线法是将路桥资产在剩余收费年限中均衡分摊的一种折旧方法。车流量法下的折旧额等于实际车流量占经营期预计总车流量的比例乘以资产原值。在车流量法下对于实际车流量与预测车流量的差异，公司一般每3年将根据实际车流量重新预测剩余期限的总车流量，并调整以后年度每单位车流量应计提的折旧额，以保证全部路产价值在收费权经营期限内全部收回。由于车流量会呈现逐步增长的特性，路桥通车的前期按直线法提取的折旧一般要高于按车流量法提取的折旧。

根据ValueTool公司绩效数据库的统计，16家路桥类A股上市公司中有9家采用车流量法提取折旧，其他7家采用直线法。不同的折旧方法自然会影响到企业当年的利润水平。由于许多采用直线法公司的车流量信息难以获得而年限信息相对容易获得，我们用直线法代替车流量法进行了统一调整。结果显示变更折旧方法对东莞控股(000828)、楚天高速(600035)和赣粤高速(600269)影响最大，会将2007年的净利润分别拉低20.1%、19.2%和15.5%。

显然，这些企业之间的收益比较，如果缺失了折旧政策这个前提，就根本无法得到任何有价值的结论。还有一些企业甚至通过折旧政策的调整以调节利润，那就更应该引起基本面分析人员的严重关注。

收入确认

收入是利润的源头。因此，有关收入确认的会计准则和会计政策也是理解损益表的源头。这其中主要包括两个方面：收入确认的口径以及收入确认的时间。

案例：A、H股百货业收入确认差异

2007年王府井(600859)的营业收入为89亿元，另一家百货巨头，香港上市的百盛集团(HK3368)的同期营业收入为30亿元，但这并不是因为王府井的规模是百盛的3倍，事实上后者的规模还要更大，双方营业收入的巨大差距缘于两地会计准则中对确认百货行业营业收入的不同规定。

在百货行业，联销是最普遍也是最核心的业务模式，在该模式下，百货公司和供应商采取合作经营的方式，供应商提供商品在百货店指定区域设立品牌专柜，并主要由供应商的销售人员负责销售。在商品尚未售出的情况下，该商品仍属供应商所有，百货公司不承担该商品的跌价损失及其他风险。百货公司和供应商按事先约定好的分成比例从商品销售的收入中获得收益。在国内会计准则下，百货公司的营业收入按照实际销售商品的金额来确定，而在国际会计准则下，则按照百货公司实际应该分得的比例来确定。

例如，如果王府井卖出一件100元的衣服，约定的分成比例为25%，则在国内会计准则下记100元的营业收入，同时记75元的营业成本，而在国际会计准则下只记25元的营业收入。因此，在一些研究报告中，分析人员直接比较百货类A股公司与H股公司的市销率(P/S)，显示H股估值明显偏高，这显然是一个忽视了上述差异的低级错误。

通常来讲，总销售额的确是评价一家百货企业的核心业绩指标，它一方面是百货企业实际收入的核心驱动要素，另一方面也是百货公司景气程度和经营绩效最客观的评价标准。即便是按照国际会计准则披露年报的百盛，也会在“财务绩效”部分首先披露公司“销售所得款总额”作为评价“经营业绩”的首要指标，2007年百盛集团的该指标为90亿元。但尽管该指标如此重要，它却与通常意义上的营业收入概念具有较大差异。在上述交易过程中，虽然王府井会向商品的购买方提供100元的销售发票，而供应商同样要向王府井开具75元的销售发票，但很显然这些都只反映了上述交易的表象，100元并不是王府井的实际收入，而75元也不是公司实际发生的营业成本。在对百货企业的价值分析中，无论是出于投资判断还是管理决策，都只可能基于按照分成比例后的实际收入，以及真实发生的诸如房租、水电、装修等成本项目而做出。

因此从这个角度来讲，国际会计准则更符合百货企业的经营逻辑，因而也更能反映企业的真实绩效状况。在国内会计准则下，百货企业的损益表被人为地放大了，虽然这种放大只局限于收入和成本项目，对于利润指标并没有影响，但由于财务数据偏离了企业正常的经营逻辑，从而使得这类指标以及与这类指标相关的财务比率都丧失了分析的意义。首先，百货企业的实际收入远低于损益表所披露的水平，而且也无需承担损益表所显示的如此巨大的营业成本，这些都不可能也不应该成为刺激或者困扰投资者以及管理层对该行业或具体企业进行深入理解的核心要素。

与此同时，众多常用的财务分析比率也失去了其最初的经济含义。例如毛利率，该指标本来是反映企业单位销售收入中扣除营业成本后的余额，同行业间该指标的比较反映了不同企业的获利能力或者成本控制能力。但使用国内会计准则计算的百货企业的毛利率更多反映的是企业与供应商所约定的分成比例，这几乎和企业的成本控制毫不相关。类似情况的还有净利率指标。当然存货周转率就更没有意义了，因为在这种会计记录方式下，存货和营业成本之间关系甚微。百货公司的存货主要是其购销业务模式下所自主购买的商品，供应商自主管理的商品并不计入百货公司的存货，但这种模式一般都是百货企业的辅助业务模式，营业成本中占据绝对地位的是联销业务模式下所出售商品中属于供应商的那部分收入，这两个指标的比例显然不能反映企业的存货管理水平，可以说没有任何可供分析的经济含义。

一般来说，大部分企业的收入确认政策都与常识一致，只是在一些特殊行业，尤其是其收入可能跨年度时，就必须对其收入确认政策进行了解，否则很可能对损益数据造成误读。例如，对房地产行业来说，企业是在房屋交付的时候确认收入，因此企业当年的销售金额并不构成当年的销售收入，只有结算金额才与损益表中销售收入的含义一致。这显然在很大程度上决定了对房地产企业损益表的解读方式。

资不抵债的子公司

资不抵债总是一件让人郁闷的事，在上市公司的股权投资中此类事件并不少见。但在原会计准则下，资不抵债子公司的当期亏损并不影响合并报表中归属母公司的净利润，所以从报表数据来看这种让人郁闷的影响似乎十分有限。但随着新准则的实施，会计上对此类事件的处理原则发生了本质性变化，这些亏损将全面体现为上市公司净利润的下降。

会计上对资不抵债子公司的处理原则一直在应该体现“有限责任”还是“企业整体运营绩效”之间权衡。所谓有限责任是指，企业的对外投资以初始投资额为限承担有限责任，因此当子公司已经资不抵债时，理论上讲，母公司的股东并不需要再承担额外的损失。当子公司发生亏损时，母公司对长期股权投资计提的减值准备也都以减记至 0 为底线。因此，在原准则下，如果该子公司的亏损依然继续，则合并后的净利润会小于企业在有限责任下所能够获取的净利润，因此会计上会在合并报表中引入“未确认投资损失”科目，用以平衡由于报表合并所导致的母公司股东所承担的额外损失。例如如果资不抵债子公司当年又亏损 100 万，由于合并报表已经包含了该子公司的收入和费用，因此净利润也必然包含这 100 万的亏损，但公司已经资不抵债了，所以会计上通过加上 100 万的未确认投资损失将这种额外的损失剔除。这种处理方法虽然遵循了有限责任的原则，但从经济事实来讲却削弱了合并报表对企业集团经营状况的真实反映。因为，如果该亏损子公司依然会持续经营，则不加调整的合并净利润口径更能反映企业整体的运营绩效，毕竟该子公司依然是企业整体的一个稳定的组成部分。因此，新会计准则在此方面的制订原则明显更偏向于让合并报表更真实地反映企业集团的经营状况，资不抵债子公司的亏损不再作为平衡项出现在损益表中，而是直接表现为对合并报表净利润的负向影响。

案例：广电信息(600637)的资不抵债子公司

广电信息(600637)2006 年年报中披露的净利润为 1319 万，而当期的未确认投资损失为近 1.27 亿，事实上从整个公司的角度看，公司当年实际亏损 1.13 亿。2006 年广电信息未确认投资损失的主要来源上海广电数字音像有限公司在 2007 年继续亏损，但比 2006 年近 1.27 亿的亏损相比已经有了一定的改善，只亏损 4131 万元，同时另一家子公司上海广电信息电子销售有限公司以当年亏损 2263 万元也踏入资不抵债的行列，但由于会计准则的变化，这些亏损都不能再作为调整项加回损益表中，它们已经成为公司2007年净利润的一个组成部分，剔除公司2007年股票投资收益2.25亿，公司当年亏损在2亿元左右。

事实上，对于真正的估值分析而言，损益表中如何记录只是一个表象问题，真正对企业价值有实质性影响的是这些资不抵债子公司在未来的发展方向。

案例：南京中商(600280)的资不抵债子公司

南京中商(600280)在2006年由于下属子公司徐州中央百货大楼股份有限公司、济宁中央百货大楼有限公司、连云港中央百货大楼有限公司、泰州中央国际购物广场有限公司共计形成未确认投资损失3106万元，占当年净利润的55%。这些子公司都属于公司主营业务，在2007年都依然存续，且徐州中央百货大楼开始盈利。如果假设上述资不抵债子公司将持续经营，显然原准则下的EPS高估了企业的实际经营绩效，由于收入、成本与净利润指标的口径不匹配，以此为基础计算的净利率等财务指标也会明显高估。

从这些角度来看，新准则下的损益数据更具参考意义，数据的纵向比较也更能说明企业的经营改善。但如果公司计划对该资不抵债子公司进行破产清算或者出售，新准则下的财务数据及比率又很可能会导致对上市公司整体价值的低估，因为这个时候有限责任对公司整体价值判断的影响意义更大，无论是清算还是出售都会导致新准则下的EPS大幅提高。

其实，虽然常常被视为一个整体，但大多数情况下企业实际上是若干性质迥异的子公司组合。这些公司在业务特征、绩效状况、影响因素以及发展趋势等众多方面都可能差异巨大，除了会计准则在处理上存在重大变化以外，资不抵债子公司和公司的其他子公司并没有本质区别，无论是盈利还是亏损，甚至是资不抵债，如果不对重要的子公司进行识别并单独进行合理分析，任何估值方法都可能造成严重的偏差。

借款利息资本化

所谓资本化就是把支出作为资产处理。借款利息是企业支付给债权人的费用，会计上将这部分费用分别计入财务费用科目当期冲销，或者计入特定资产的成本。在原会计准则下，只有发生在固定资产购建过程中的借款费用才允许资本化，而按照新的会计准则，如果该借款被用于“需要经过相当长时间的购建或者生产活动才能达到预定可使用或者可销售状态的固定资产、投资性房地产和存货等资产”时，利息支出需进行资本化处理，即作为该资产的成本计入资产负债表。在这里我们先不去讨论哪种会计处理更为合理，但至少仅仅是会计记录方式的变化而不是企业的经营改善就会直接影响净利润的大小。

案例：房地产行业的利息资本化比较

新会计准则对利息资本化的相关规定对房地产行业的影响非常典型。2008 年保利地产 (600048) 共发生 14.44 亿元的利息支出，其中有 14.35 亿元被资本化为存货，这些支出将在房地产项目完工结算时，才会结转为成本进而影响损益。

有趣的是，虽然地产类公司都会对借款费用予以资本化，但资本化利息占当年实际发生利息支出的比例却不尽相同。上例中保利地产 2008 年的利息支出资本化率达到了 99.4%，而同行业的万科 (000002) 却只有 60.1%，金地集团 (600383) 则为 76.6%。同时，同一家公司的年度资本化比率也并不完全稳定，万科在 2006 年曾经达到过最高的 70.5%，而金地集团 2005 年和 2006 年的资本化比率都达到了 100%。上述差异从公司年报的会计政策中并不能得到合理的解释，它们的表述几乎完全相同，在处理原则上都会按照会计准则区分一般借款和专门借款，分别按照一定的原则进行资本化处理，并在房地产竣工前进行资本化，而在竣工后停止资本化。

房地产公司当年损益表中所包含的利息支出一方面表现为未被资本化的财务费用，另一方面表现为随着存货而结转的营业成本。在 A 股房地产类上市公司中，没有一家上市公司披露自身的营业成本构成，投资者无法知道当年结算的成本中有多少为土地成本、多少为建安成本、多少为资本化利息。因此我们只能以公司上年资本化利息占存货的比例和当年实际结转的营业成本去粗略估计营业成本中所包含的利息支出。以万科和保利地产为例，按照上述处理原则，万科 2007 年和 2008 年损益表中所包含的全部资本化和未资本化利息费用占当年实际发生利息支出的比例均为 37%，保利地产的同口径指标只有 4%和 5%。如果保利地产按照万科的标准进行利息资本化处理，按照 25%考虑所得税影响，保利地产 2008 年的净利润将下降 11.5%左右。

对于那些大量依靠杠杆的企业，利息支出的资本化问题必须引起足够的重视。与此同时，所谓“息前”的一系列财务指标如 EBIT、NOPLAT 等，以及对杠杆安全的分析指标如利息保障倍数等，都会丧失原有的经济内涵。

房地产行业存货中的资本化现象显然会造成不同企业间绩效比较的偏差，而固定资产中的资本化由于需要在完工运营后停止，因此它更容易导致年度绩效间的较大差异。例如上海机场(600009)2007 年的付息债务约 29 亿元，2008 年上升为 36 亿元，但财务费用却从 70 万元飙升至 1.46 亿元。造成上述现象的原因在于“浦东机场扩建工程——机场主体工程竣工部分投入运营后，借款、债券利息停止资本化计入当期损益所致”。

上述讨论并没有涵盖会计准则以及会计政策的全部，仅仅在于提醒基本面投资者在对企业财务数据进行系统分析前，一定要对重要财务政策有充足的认识，这是理解财务数据真实基本面含义的基础。而对于那些通过会计政策来操控利润的企业，格雷厄姆的话或许值得我们铭记在心：

当一家企业实行有问题的会计政策时，投资者应该对该企业的所有证券退避三舍，无论其中一些看起来多么安全和有吸引力。

——《证券分析》第三十三章 损益账户中的误导性伎俩，子公司收益

第三节 财务比率失真

经理们和投资者们都必须懂得，会计数字是企业估价的开始，而不是结尾……会计仅仅有助于业务思考，而永远不能取代业务思考。

——《巴菲特致股东的信》第六章 会计与估值

对基本面分析来说，无论是筛选潜在投资对象，还是对特定公司进行系统分析，财务比率都是重要的切入点。每一种财务比率都从一个角度展示了企业的某一方面特征，如 ROE、毛利率、净利率、周转率等等。但与财务数据一样，财务比率也可能由于种种原因而失真，对财务比率的僵化使用必然也会将分析引入歧途。

财务比率失真的情况可以总结为两种类型，一种是用于计算财务比率的财务数据本身就已经发生了扭曲，例如前文中介绍的各种净利润失真的情况，以及 A 股百货类公司由于营业收入确认口径而导致的所有与之有关的诸如毛利率、净利率等财务比率的失真。另一种情况是计算财务比率的财务数据本身还比较正常，但在特定的行业以及情况下，其初始的经济内涵已经丧失。

基于基本面分析的一般准则，对财务比率的运用必须以其经济内涵为基准，对于那些已经丧失了原始经济内涵的财务比率，要么通过调整恢复其本来面目，要么就应该彻底放弃。

回报率失真

ROE 显然是最常用同时也是最重要的财务比率，为企业账面净利润和账面净资产的比值，代表了股权资产的盈利能力。剔除掉 ROE 中的财务杠杆影响，就是 ROIC 指标，代表了企业真实经营业绩下的回报水平。不考虑财务杠杆对 ROE 的影响，ROE 和 ROIC 指标的失真主要来源于三个方面：净利润的失真、净资产的失真以及净利润与净资产之间的不匹配。关于净利润失真的各种情况已经在本章第一节“真实收益”中进行过系统介绍。以下简单的介绍几种剩余两类失真的情况。

净资产的失真首先源于新会计准则对公允价值的全面引入。理论上讲，权益代表了股东的出资，包括原始的和累积的，这是一切投资的基础，也代表了股东的经济权利。但在新会计准则实施后，由于公允价值概念的全面引入，财务报表中所有者权益的数据在很多时候都不能很好地反映股东投入这一基本范畴，从而也使以此为基础的财务指标偏离了常规意义上的经济内涵。

新会计准则下企业可以采用公允价值计量的资产主要包括：交易性金融资产、可供出售金融资产和投资性房地产，投资性房地产也可选择成本模式。其中交易性金融资产和投资性房地产的公允价值超过初始投资的部分在损益表中记录为公允价值变动损益，通过影响每年的净利润而最终进入所有者权益；可供出售金融资产的公允价值超过初始投资的部分则直接计入所有者权益。会计准则制订者的初衷是希望通过引入公允价值使会计信息能更合理地反映企业当前的资产现状，但从财务分析的角度来看，此时的所有者权益实际上包含了两类性质完全不同的信息，一类是股东的真实投入，一类则是部分资产的市场价值。这种混合在很大程度上会引起财务分析的混乱。

此时所有者权益的一部分和企业创造利润无关。即便是对交易性金融资产，其公允价值的变动已经计入损益，看起来似乎实现了收益和资产的匹配，但这里的收益是资产现值的增加。换句话说是资产在未来可能产生的所有收益现值之和的变化，而不是正常的经营收益，而资产也只是现值的期初值，并不是企业真正的投入，二者之间的比较除了说明资产当年价格的上涨幅度以外，与通常意义上企业正常的回报水平毫不相关。

案例：南京高科(600064)可供出售金融资产造成的回报率失真

由于 2007 年股票市场一路高歌猛进，企业也趁此机会集中上市，加之新会计准则开始实施，那些持有上市公司原始股份的企业开始纷纷记录巨额的可供出售金融资产，由此造成的所有者权益的增加数量惊人。根据ValueTool公司绩效数据库，2007年直接计入所有者权益的利得占总所有者权益的比例超过10%的有96家公司，超过50%的公司有10家，这些公司的所有者权益就像被注射了激素一样迅速膨胀起来。在2008年年报中，随着股市泡沫的破灭，那些虚胖的权益大幅缩水，通过财务报表直接计算的ROE、债务权益比、以及PB等指标都在这种上窜下跳中越来越丧失了分析的价值。

南京高科(600064)2007年底账面净资产近72亿，其中大约62亿元来自可供出售金融资产公允价值的变化。公司当年以可供出售金融资产科目计入的中信证券(600030)和南京银行(601009)等的股权共计82亿元，对应承担的应缴纳所得税额近20亿元被计入递延所得税负债项目。剔除可供出售金融资产的影响，南京高科的ROE将从1.3%变成11.4%。

除此之外，当企业为了未来而投入大量资金时，显然企业当期的损益状况和投资金额之间就不再匹配了，此时直接由财务报表计算的回报率指标会低估企业现有业务的实际盈利水平，从而导致对企业价值的错误判断。从会计科目来说，企业对未来的投资主要表现为在建工程，即按照会计定义的正在建造的、还未达到使用状态的工程。

案例：在建工程引起的回报率失真

根据ValueTool公司绩效数据库，在A股1573家非金融类上市公司中，剔除部分非正常状态的ST公司影响，2008年在建工程占总投资资本的比重高于10%的公司共有314家。其中高于20%的公司125家，30%以上的52家。对于那些30%以上的投资资本与现有业务无关的企业来说，其实际回报水平至少应该比直接计算的ROIC水平高出40%以上。

2008年武汉控股(600168)的在建工程超过19亿元，占公司全部投资资本的65%。该工程主要为公司控股80%的子公司武汉长江隧道建设有限公司投资兴建的武汉市长江隧道工程。在投资兴建该隧道之前，公司的主营业务为水务和房地产，2008年这两项业务占营业收入的比重接近100%。很显然，直接计算的

1.9%的ROIC水平对于判断武汉控股的盈利能力不再具有任何帮助，在投资资本中剔除在建工程的影响后，公司的ROIC水平恢复为更为合理的5.5%。同样，丽江旅游(002033)近57%的投资资本投入到了丽江古城世界遗产论坛中心上，剔除该工程的影响，公司现有业务的ROIC水平从8.7%上升到了20.1%。

虽然大多数企业对未来的投资都表现为在建工程和工程物资，但事实上与未来投资相关的科目还不仅如此，中科英华(600110)2008年在建工程占投资资本的比重为2.5%，财务报表计算的ROIC为4.5%。但值得注意的是，该公司的预付账款从2007年开始突然放大，在2008年达到了8亿元，这显然超出了公司正常运营所产生预付款的合理范围。根据公司财务附注，该预付账款主要为子公司委托供应商加工非标设备预付的大型设备款和向承包商支付的工程款。显然这些项目与在建工程的性质完全一样，只是在会计上还没有确认在建工程而已，因此也应该在ROIC的计算中予以相同的处理。

在建工程所造成的低估误差仅存于考察现有业务投资回报水平的角度，并不意味着企业未来的回报水平就会必然提升，这取决于当前在建工程在实际运营后的盈利能力。例如，根据丽江旅游的年报，丽江古城世界遗产论坛中心在运营后的第一年将肯定亏损。此外，作为公司资本支出的一个暂时性的归集科目，在建工程对企业合理ROIC的影响也要一分为二地看待。对于那些代表了维护性资本支出的在建工程，其性质在于保证现有的资产能正常运转，相当于对现有固定资产的替代，上述分析逻辑显然也不成立。在建工程的影响对于ROE指标同样存在，只不过在对ROE指标剔除在建工程影响时还必须考虑到债务融资的因素。

案例：华电国际(600027)的ROE失真

华电国际(600027)2007年ROE为7.1%。公司2007年底净资产143亿元，其中在建工程和工程物资合计达60亿元。我们采用同样的方法从净资产中剔除这部分没有发挥经济效益的资产，则华电国际的ROE达到11.7%。将同样的计算方法用于2006年，华电国际的ROE从8.2%跃升至49.6%。对于从事火电行业的华电国际接近50%的ROE显然不是一个正常的水平。问题出在我们简单的将在建工程和工程物资从净资产中扣除了。一般来说，发电厂建设工程中总投资的20-30%为业主的自有资金，其余的大部分通过贷款解决。基于此，可以做这样的简化处理，从公司净资产中扣除在建工程的25%以计算ROE。这样处理虽然不够准确，但是模糊的正确其实远好过精确的错误。华电国际的2006年和2007年的ROE分别变为10.3%和7.9%。

与在建工程类似性质的还有企业所保有的超额现金。作为流动性最强的资产，保持一定的现金水平是公司经营正常运转的必要条件，企业为满足上述要求而保有的现金称为最低现金。与此对应，企业保有的现金超过维持正常运转所需要的水平，就产生了超额现金，即公司总现金保有量中超过最低现金水平的部分。现实的经济活动是复杂的，企业持有超额现金的目的也多种多样，例如为未来年度的资本支出做准备、为潜在的可能并购活动积累现金等等。但大量超额现金的存在显然会降低企业正常的回报水平。

案例：超额现金造成的回报率失真

从1999～2006年，贵州茅台(600519)在主营业务收入复合增长28%的情况下，账面现金余额的复合增长速度高达56%。现金余额与当年销售收入的比例更是常年保持在90%以上，而这一比例在上市前的1998年和1999年只有20%左右。截至2006年底公司账面现金总额达到近45亿元，占公司总资产的近50%。巨额的超额现金隐瞒了公司实际的运营效率，如果参照公司1998年和1999年现金余额占销售收入的比例，确定25%为公司正常营运所需现金的比例，那么公司的股权资本回报率实质上已经高达50%以上。而调整过的指标显然更合理地展现了作为A股市场绩优龙头的真实状况。

2007年辽通化工(000059)的ROE为4.6%。进一步分析看到公司2007年通过增发募集了约37亿元现金，所有募集资金将投入到45万吨乙烯及配套工程项目中，该部分资金虽被计入所有者权益但只有在45万吨乙烯项目投入商业运行后才会产生效益。剔除募集资金的影响，辽通化工的ROE将变为13.2%。

对于资本密集型企业来说，由于固定资产的更新并不是平滑的，而是在一定的年度才会发生的，这种状况经常会造成公司 ROE 水平的周期性变化。举例而言，假设一个公司没有负债，其资产的初始成本为 1000 元，折旧年限为 10 年，其每年产生的净利润为 20 元，则第一年末公司的 ROE 水平为 22%，此后的第八年便会飙升至 200%，直到公司进行固定资产更换，ROE 又开始了下一轮从低到高的循环。因此，对回报水平的判断也必须基于一个持续和长期的角度。

由于回报比率是一个综合性指标，除了要判断其本身是否存在失真以外，还必须对背后的原因进行系统分析，就像回报只是企业各类经营行为的综合结果一样，ROE 本身也受毛利率、周转率等其他诸多财务指标综合影响，只有对 ROE 指标进行分解，探求其内部各个影响因素的具体水平及变化趋势，才可能对 ROE 指标所传递的真实信息有所了解。只有这样才能寻找到真正的基本面动因，进而成为投资决策的判断依据。

最常用的 ROE 分解方式就是杜邦分析，在杜邦分析下，通过对 ROE 的分子分母同乘同除营业收入和总资产，ROE 指标被分解为净利率(净利润 / 营业收入)、总资产周转率(营业收入 / 总资产)以及权益乘数(总资产 / 所有者权益)。这三个指标又可以根据需要进行更进一步的分解，例如将净利润分解为毛利率、销售费用率等，而将总资产周转率分解为存货周转率、应收账款周转率等。因此人们可以系统的了解企业的各种经营活动结果对股东回报的具体影响。

但传统的杜邦分析在一些方面仍有不足。例如，诸如权益乘数等指标的经济含义并不十分清晰，所有者权益占总资产的比重实质又受以下因素影响：应付账款等无息流动负债占总资产的比重，以及债务融资占总资产的比重。前者属于经营决策的范畴，而后者则属于融资决策的范畴。而且，对于应付账款管理的经营绩效，在分析中更经常采用周转率指标进行考量。因此对传统的杜邦分析进行一些修正将更有助于理解企业 ROE 的创造逻辑。

修正的基础逻辑与杜邦分析完全一致，均是通过财务指标间的相互关系进行衍生分解，但与传统的杜邦分析不同，在修正后的指标体系中，将出现投资资本回报率(ROIC)、营运资本周转率、财务杠杆(付息债务与所有者权益的比例)等具有明确经济含义并能合理对应企业某一方面实际经营绩效的指标，这将更有利于分析人员理解企业 ROE 背后实际的经营状况。分解后的基础逻辑关系为：

ROE＝ROIC＋D/E×(ROIC－税后利息率)

其中税后利息率为考虑到利息支出抵税效果后，企业的实际借款利率水平，D 为企业的付息债务水平，E 为所有者权益规模。这种分解方式的经济含义更为清晰，股东的回报水平将取决于以下因素：企业实际经营的回报水平 ROIC 和企业利用财务杠杆的水平，其中 ROIC 又可以分解为税前的实际回报水平以及实际税率。

案例：ROE 分解，美邦服饰(002269)PK 七匹狼(002029)

2008 年七匹狼(002029)的 ROE 水平为 13%，相比 2007 年增加了 4 个百分点，但这一水平却与同行业的美邦服饰(002269)不可同日而语，美邦 2008 年的 ROE 为 23%，而 2007 年则高达 55%。但是想直接通过上述信息对两家公司的真实、持续盈利能力做出判断却很可能得出错误结论。

按照上述方式对两家公司 ROE 指标进行系统分解，由于两家公司最近年度都有股权融资活动，这导致企业账面现金变化较大，对 ROE 影响很不正常，美邦 2008 年的 ROE 急剧下降就是出于融资原因。因此我们均按照两家公司历史年度最低的现金占营业收入比例 8%对其 ROE 进行调整。分解结果见表 5-1。

表 5-1 美邦服饰与七匹狼 ROE 分解对比

项目	七匹狼	美邦服饰
调整后 ROE	21%	54%
调整后税前 ROIC	25%	38%
EBIT 率	12%	20%
毛利率	38%	47%
销售费用率	15%	21%
管理费用率	6%	4%
IC 周转率	2.17	1.95
营运资本周转率	12.91	6.19
固定资产周转率	3.30	3.70
实际税率	19%	30%
D/E	0.00	1.14
税后利息率	3%	3%
计算值	20%	54%

通过对 ROE 的系统分解可知，美邦与七匹狼的 ROE 差距首先源自真实经营绩效的差距，2008 年美邦税前的 ROIC 水平比七匹狼高出 13 个百分点，而这 13 个百分点的差距则主要来自于毛利。但值得注意的是，虽然美邦近两年税前 ROIC 水平似乎没有发生较大变化，但其内部构成却变化很大，只不过毛利的提升掩盖了营运资本周转水平下降所带来的影响。美邦 2008 年的实际税率水平明显偏高，如果依照七匹狼 19%的水平来测算，那么其 ROE 将达到惊人的 63%，比七匹狼高出 43 个百分点，这显然来自于巨大财务杠杆的撬动。看来理解企业的 ROE 水平并没有那么简单，其中任何一个因素的未来趋势都值得投资者深入思考。

存货周转率失效

存货周转率代表了公司在存货上每一单位资金占用所支撑的业务规模，因此越高的存货周转率意味着资金的使用效率就越高。著名的丰田零库存管理原则便是提高存货周转率的典范。但财务比率毕竟不是简单算术，如果对比率的分析不能促进对企业经营更深入的理解，不能促进管理层做出更合理的决策，那么比率本身将意义甚微。存货周转率用来分析企业的存货管理水平必须基于两个前提：首先，存货管理有确定的经济内涵；其次，周转率指标能够度量管理的效果。汽车企业对于产成品的管理、钢铁企业对于铁矿石的管理、电力企业对于燃煤的管理等等都符合这一原则。反之，当上述原则不复存在时，存货周转率也就失去了分析的价值。

案例：房地产行业的存货周转率

对于任何一个企业，周转率和利润率总是驱动回报的两大核心要素。这也是为什么连杰克·韦尔奇也要亲自关注和参与 GE 存货周转的提升。单从财务的角度看，王石似乎应该比韦尔奇更关注存货周转，因为房地产公司的存货占据了资产的绝对比重。万科(000002)从 2002～2007 年的存货基本都在总资产(剔除账面现金)的 85%左右。但同期存货周转率却从 0.58～0.31 呈现直线下降的态势。万科的资金使用效率越来越差了吗？可能并非如此。在房地产行业中，由于存货的复杂性以及存货和当期损益之间的分裂，如此简单地分析存货周转率并不能为投资和管理提供多少有价值的帮助。

房地产企业的经营是由一个个项目组成的，但项目进度之间差异巨大。有的项目只剩下部分未出售的成品房，有的项目只是刚刚拿到了土地，甚至是部分土地，有的项目正处于施工阶段，而施工阶段的项目有的已经预售，有的还未预售等等，所有这些都被记录于存货。鉴于此，简单地说提高存货周转率并不能从理解层面到实施层面对提高资金使用效率这一目标提供任何实质性的帮助。例如，对于已经预售的项目，核心目标是保证项目按期完工，这类存货在资金效率上改进的空间很小。对于已经开工还未预售的项目以及未开发的土地，在行业景气的时候一般是尽量缩短工程周期从而尽快实现预售回款，此时存货的增加将比较快，但在行业景气下行的时候，由于预售可能很不乐观，则可能是适当减缓工程进度，减少工程的资金占用，此时存货的增加将相对缓慢。在企业预期行业将持续繁荣的时候往往会加大土地储备规模，从而导致存货大幅增加，但在行业萧条的时候可能又不得不被迫出售土地换取现金以保证企业资金安全。所有这些都不能通过一个笼统的存货周转率而得到清晰的解释。

另外房地产行业中不同企业之间以及同一企业的不同年度之间，存货结构差异很大，从 2003～2007 年，万科(000002)存货中已完工开发产品的比例从 22%下降到了 7%，而在建开发产品的比例从 29%上升到了 51%。这也使得该指标的横向和纵向比较更加缺乏现实基础。

再有，计算存货周转率时一般使用企业当期的营业成本和期末存货水平(或期初与期末的平均存货水平)进行测算，因此只有当存货水平与营业成本有经济上的互动关系时，二者的比例关系也才有意义。对于房地产企业，销售、完工和验收为确认收入以及结转成本的前提条件。这部分成本对应的存货无论是在期初还是期末的存货总额中都只是其中的一部分，其他部分如土地储备、还未结转成本的成品房、在建项目等都与当年的收入成本没有任何关系。更重要的是，房地产的建设周期一般都会跨年度，所以一年内确认的收入和成本对应的实质上是若干年的资金占用。假设一个只有单一项目的房地产企业，如果项目开发周期是 3 年，则前两年营业成本为零。存货不断增加，最后一年实现销售结转成本，存货为零。显然存货周转率对评价房地产企业的资金使用效率意义并不很大。

存货周转率在房地产行业的失效情况比较典型。这种现象在其他财务比率中也普遍存在，即所有财务比率的产生都有一个前提，当这个前提不具备时，财务比率本身的指示作用也就丧失了。对于基本面分析来说，财务比率必须是起点，而且只能是起点，所有的财务信息如果不能确切地对应为企业实际经营状况的各种特征，财务信息本身就丧失了分析的意义。

净利率扭曲

净利率为企业单位销售收入创造的净利润，是衡量企业盈利能力的一个重要指标。除百货业的净利率指标失真外，当权益法核算的长期股权投资对公司的利润产生重大影响时，净利率指标也会出现扭曲。

在会计上，企业与其他合营方一同对被投资企业实施共同控制的股权投资被称为合营企业投资，企业对被投资企业有重大影响的股权投资被称为联营企业投资。上述两类投资的股权拥有比例一般在 20%～50%之间，资产负债表上表现为长期股权投资，损益表上体现为联营和合营企业的投资收益。

由于联营合营企业并不合并财务报表，所以虽然它们归属于本公司的净利润包含在公司的净利润指标里，但损益表中的营业收入却并不是相同口径，当这部分投资收益足够大时，简单的净利率计算会极大地夸大企业的实际边际利润水平。例如直接通过损益表计算出华侨城(000069)的净利率水平为 45%，而同期万科(000002)的同口径指标只有 15%，这主要缘于华侨城大量的合营企业投资收益。在这种情况下，要想使净利率指标能够反映企业的经营绩效，同时使得同行业内公司间的比较具有意义，就必须对指标的计算进行调整。具体做法一般是：从财务报表的附注中找出这些联营、合营企业的实际收入，按照股权比例计算出权益收入再进行汇总，然后将汇总后的权益收入加到营业收入再计算净利率指标。

上述净利率的扭曲现象缘于财务数据间的口径差异，这种口径差异可能是由于合并报表范围、可能是由于会计准则的约定，也可能是由于跨年度会计数据等各种原因，在使用财务比率时，必须首先保证该财务比率计算中所包含的财务数据在口径上具有一致性。

IRR 烟雾

“内部收益率 20%，项目回收期 4.5 年”，似乎再也没有如此经典的投资可行性描述了，这两个指标不仅广泛见诸于各上市公司对未来投资项目的公告中，也的确在企业的现实投资决策中扮演着相当重要的角色。尤其是内部收益率，英文简称 IRR，几乎已经成了投资可行性判断的不二标准。但实际上，这两个指标的缺陷都非常明显，常常会对投资的实际回报水平造成重大误导。

项目回收期的缺陷几乎一目了然，它不仅没有考虑项目回收期以后的收益，同时也没有考虑回报的时间价值，更没有一个客观的参照标准。因此《公司金融》教材中对回收期法做出如下评述：“当制订一个正确的投资决策成为重中之重，而诸如评估管理人员等问题的急迫性或者重要程度退居次席时，回收期法就不常使用了。”相比之下，IRR 的运用更为普遍和重要，但它的误导性却更加隐蔽和难以理解，因而在投资分析中制造着更大的烟雾。

IRR 的基本原理是试图确定一个能体现项目内在收益水平的数值，具体的计算方法是找出令项目的全部现金流出和现金流入(包括初始投资以及整个项目存续期间内所能产生的所有现金回报)的净现值为 0 的贴现率。当所有的项目都以净现值为 0，通俗地讲不赔不赚为考察基准时，显然谁对应的贴现率越大，谁的回报水平就越高。因此实践中 IRR 常常被作为项目的年度等值收益率来看待，并用来随时和其他回报参照标准进行比较：如果项目的 IRR 大于基准回报水平，该项目就是可以接受的，而且 IRR 越大，项目显然就越有利可图。第一个命题是显然成立的，但第二个命题却不尽然。

由上可知，IRR 的计算是一个寻找贴现率的过程，贴现率本质上讲是现金时间价值的概念。由于贴现率的存在，所以距离现在越久远的现金流的价值就越小。这个普通常识的背后，其实是我们对于每一笔现金都可以按照贴现率获取回报的假设，也正是这个回报形成了推迟获得现金的机会成本，进而形成了现金的时间价值。

举例而言，当我们用8%的贴现率计算一笔5年现金流的现值时，我们实质上是在假设每笔现金在这5年中的基础年度回报水平均为8%，因此，如今的100元才和一年以后的108元具有同样的价值。同样，当我们计算出一个具体投资项目的IRR是20%的时候，我们实质上隐含假设了该项目所有在投资期间内获得的现金回报的再投资收益率都可以达到20%，这显然是一个不切实际的假设。当那个美好而诱人的20%的IRR项目以这种方式解释时，估计所有的人都会对该项目的真实回报水平打上一个大大的问号。

案例：IRR评估偏差

假设两个投资金额相同的项目A和B(见表5-2)，投资期均为5年，A项目的回报特征是先小后大，B项目的回报特征是先大后小，从IRR来看，显然B项目具有压倒性的优势，高出A项目10个百分点。但如果我们假设从项目中获得的收益不可能再高于8%的基本回报水平，那么从净现值来看，A项目和B项目差距不大，反而是A项目要略高于B项目。IRR指标释放的烟雾来自于期间现金流都具有同样回报水平的假设，B项目现金回报较早获得的特征更是加剧了IRR对其真实回报水平的扭曲。

表5-2 项目A与B现金流对比

项目	投资额	第1年	第2年	第3年	第4年	第5年	IRR	净现值
A	-1000	200	300	400	500	800	26%	672
B	-1000	600	500	400	300	200	36%	658

实际上，只有当项目不产生任何期中现金流，或期中现金流全部能用于再投资并获得同样的收益率时，IRR才能真正算是项目的年度投资收益率。显然更合理的假设是，企业从项目中得到的现金回报只能获得该行业的平均回报水平，也正因为如此，那些IRR越大的项目，其与真实回报水平之间的偏差也就越大。

逆向 EBITDA

在其他条件不变的情况下，如果企业加大财务杠杆水平，或者用新设备对原有设备进行替换，又或者税收优惠政策到期等，都会对当期 EPS 造成较大影响，但这些显然和正常的经营绩效并不相关，在很多时候它们甚至都不能被视为核心竞争能力的组成部分，因为设备或迟或早总要更换，而税收优惠也总会到期。因此为了对企业之间以及同一企业的不同年度之间的正常经营绩效进行比较，EBITDA 指标应运而生，中文称为息税折旧前利润，即剔除利息、税收以及折旧摊销因素影响的盈利水平。由于能更好地评价企业的运营绩效，EBITDA 指标不仅被广泛运用于企业管理，由此衍生出的 EV/EBITDA 倍数也成为企业估值的重要方法。

按照指标的经济涵义，企业的营业收入中扣除不含折旧摊销的营业成本、管理费用和销售费用之后即为 EBITDA。由于损益表由上至下总是遵循或加或减的逻辑，所以以营业收入为起点经过若干项扣除后的 EBITDA 同样可以以净利润为起点经过若干项的加回进行计算，即净利润加回所得税、财务费用以及折旧摊销，我们暂且将后一种结果称为逆向 EBITDA。从国内资本市场上对 EBITDA 的应用来看，这种逆向算法似乎得到了更多分析人员的青睐。当损益表足够简化时，两种方法的计算结果完全相等，但实践中这种相等几乎只存在理论可能，两个结果之间的明显差异更为普遍，因此 EBITDA 分析首先面对的是合理计算方法的选择。

从表面看来，逆向算法具有两个突出优势。首先，其计算过程似乎更符合 EBITDA 的字面含义，税收、利息、折旧等要素在计算过程中都得到了具体反映；其次，这样计算的结果和企业实际净利润水平之间的逻辑关系更为紧密，而这应该也是逆向算法之所以流行的最主要原因。但这种表面的一致实质上已背离了 EBITDA 的原始经济内涵，因而在很多情况下造成其分析价值的完全丧失。

从损益表来看，造成两种算法间差别的主要原因在于如下科目，即资产减值损失、公允价值变动损益、投资收益和营业外收支。所有这些科目都被完全包含于逆向 EBITDA 中，因此即便是企业投资股票市值的变化也同样会表现为 EBITDA 指标的波动。作为一项反映企业正常经营绩效的指标，并费尽心机地剔除财务费用、税收以及折旧摊销的影响，但却加入营业外收支、公允价值变动的影响，这显然是荒谬和可笑的。

一些人认为应该在 EBITDA 中包含投资收益，因为对于很多企业来说，投资收益的绝大部分来自联营和合营子公司，而且一些企业的投资收益实际上已经成为其收益的主要来源。这种观点看似合理，但却忽视了一个重要方面，来自联营、合营企业的投资收益实际上是这些企业净利润中属于本公司的部分，它本质上是一个净利润口径，是考虑了折旧、利息以及税收之后的收益口径，从性质上就与 EBITDA 口径不符。同时 EBITDA 考量的是企业经营活动的绩效水平，并不包含对企业投资活动的考察，将投资收益计算进 EBITDA 指标不仅扭曲了指标的原始含义，更会造成 EBITDA 率，即 EBITDA 与营业收入的比率，等一系列财务指标失真。如果投资收益比重过大，此时由于 EBITDA 本身表达的信息没有涵盖企业的价值创造重心，因而不必成为分析重点，或者干脆弃用该指标。但并不能就此对指标进行任何臆断的改造，这种非牛非马的指标没有明确的经济内涵，其分析也就不再具有任何意义。

第六章

估值方法万变不离其宗

评估是在数钱，既没有愿望也没有梦想。

——《巴菲特致股东的信》导言

第一节 不同的形式相同的本质

普通的标准如红利率、市盈率或者市净率，甚至增长率都与估价无关，除非它们到了给进出企业的现金流量或者流动时刻提供线索的程度。

——《巴菲特致股东的信》第六章 会计与估值

就像人们对自然、经济等诸多领域内在规律认识的不断深入一样，在现代市场经济存续的上百年中，人们对投资规律的认识也在不断加深和成熟，并逐渐形成了一套相对完善的投资价值评估方法，各种估值方法在专业投资管理机构中的使用已经非常普遍。但从现状来看，估值方法在国内的应用时常陷入两个极端，一端蒙盖着高深莫测的面纱，神秘而遥远，似乎只有某些大师才可能洞悉和掌握；另一端是随意的滥用，似乎所谓估值就是如此简单，可以直接放之四海而解决所有问题。所有这些都严重地损害着价值评估方法在中国的普及和应用。实际上，与其他所有的理论和方法一样，价值评估的每一种方法都有其特定的适用范围和使用条件，既没有那么高深，也没有那么随意。

可比法VS现金流贴现法

人们在投资活动的实践中总结出了十多种常用的估值方法，各种估值方法之间并没有绝对的好坏之分，每种方法的产生都基于特定的投资思维，思维方式的差异决定着各类方法的使用条件、发挥领域、内在局限以及方法使用者对相应估值结论的应用和解释。因此理解方法背后的投资思维是理解不同估值方法进而合理应用这些方法的前提。按照思维方式，常用的估值方法可以分为两大类：可比法和现金流贴现法。

可比法或许是投资者最熟悉和最常用的一类估值方法，也称为相对估价法。正如其名称所揭示的那样，可比法最基本的投资思维是寻找参照物，即可比公司。然后通过市场已经对参照物形成的价格水平来判断目标投资应该具有的价格区间。目标投资与参照物之间的比对关系通过价格与核心要素的比例来体现，不同可比方法之间的区别只是在于对核心要素的不同选择。可比法中又可以分为两大类，一类以收益指标作为核心要素，如 PE、EV/EBITDA、PEG 等；一类以资产指标作为核心要素，如 PB、EV/IC 等。PE 是运用最为广泛的可比法，其内含假设在于预期净利润是股票价格的核心驱动要素，类似的公司将被认定具有类似的 PE 水平。

另一种重要的可比法为 EV/EBITDA 倍数法。这其实是一个在估值实践中与 PE 并驾齐驱的估值方法，由于能有效的弥补 PE 的一些不足，它在国外的运用程度甚至比 PE 更为普遍。EV/EBITDA 和 PE 在使用的方法和原则上大同小异，只是选取的指标口径有所不同。从指标的计算上来看，EV/EBITDA 倍数使用企业价值(EV)，即企业所有投资人资本投入的市场价值，代替了 PE 中的股价，同时使用 EBITDA 代替了 PE 中的每股净利润。因此，总体来讲，PE 和 EV/EBITDA 反映的都是市场价值和收益指标间的比例关系，只不过 PE 是从股东的角度出发，而 EV/EBITDA 则是从全体投资人的角度出发。所以在 EV/EBITDA 方法下，要最终得到对股票市值的估计，还必须减去债权的价值。在缺乏债权市场的情况下，可以使用债务的账面价值来近似估计。

由于 EBITDA 指标中扣除的费用项目较少，因此其相对于净利润而言成为负数的可能性也更小，因而具有比 PE 更广泛的使用范围。其次，由于在 EBITDA 指标中不包含财务费用，因此它不受企业不同融资政策的影响，不同资本结构的企业间在这一指标下更具有可比性。同样，由于 EBITDA 为扣除折旧摊销费用之前的收益指标，企业间不同的折旧政策也不会对上述指标产生影响，这也避免了折旧政策差异以及折旧反常等现象对估值合理性的影响。最后，EBITDA 指标中不包括投资收益、营业外收支等其他收益项目，仅代表了企业主营业务的运营绩效，这也使企业间的比较更加纯粹，真正体现了企业主业运营的经营效果以及由此而应该具有的价值。

为了弥补 PE 指标中未包含增长率的缺陷，PEG 倍数应运而生。如果一个企业的 PE 为 50 倍，而这个企业未来 EPS 的增长率预期为 25%，那么这个企业的 PEG 倍数即为 2。对于一些高增长的行业，尤其是一些新兴行业，增长率可以是确定其价值的最核心要素，此时 PEG 估值显然要比 PE 估值具有更好的适用性。一般来说，实践中基本都采用企业未来 3 年的复合增长率来测算 PEG 倍数，这样可以剔除由于单一年度增长率的非常规变化对估值合理性的影响。

以收益为基础的可比法，隐含假设为企业价值或者股权价值是企业相关收益指标的一定倍数，其差别只是在于对收益指标的选择上。与此对应，另一类可比法以企业的资本规模为基础，其隐含假设为资本，其实是账面资本，是价值的核心驱动因素，这类方法包括人们熟知的 PB，即市净率法，以及 EV/IC 倍数法等。以 PB 法为例，假设股东权益的账面价值和其市场价值之间存在一定的比例关系，可比公司之间的 PB 指标具有类似性。EV/IC 倍数的原理和使用方法与 PB 法完全相同，其差别仅在于 PB 是从股东的角度，而 EV/IC 则是从全体投资人的角度。

相比于以收益为基础的可比法，以账面资本价值为基础的可比法的局限性较为明显。首先，投资总是希望获取收益的，投入资本的账面价值并不能说明任何问题，未来的收益才是决定投资价值的关键。因此一般情况下，股权的账面价值和市场价值之间的联系比较微弱。其次，按照会计的记账原则，账面价值都是按照历史成本核算的，能够产生相同收益的资产只是由于购买价格的不同而具有不同的价值，这显然是不合理的。最后，账面价值受企业会计政策的影响非常大，人为操控比较容易，不同企业之间账面价值的可比性较小。因此，相对于 PE，PB 的整体合理性和使用的广泛性都较差。

可比法很容易理解，在具体运用中又非常简便，因此一直就是运用最广泛的估值方法。所有可比法的使用都无外乎四个步骤：

(1)寻找可比公司，即确定哪些是与目标公司同类型的投资对象；

(2)选择估值方法，即确定可比公司与目标公司之间的比较参数，例如是以净利润为核心，还是以净资产为核心，然后计算出价格与上述核心要素之间的比例关系，即估值参数；

(3)通过可比公司的估值参数来确定目标公司的合理参数;

(4)通过确定的估值参数和目标公司对应的财务指标来估算目标公司合理的投资价值。

与可比法相比，现金流贴现法基于更为严密的金融理论，其具体应用也比可比法要复杂很多。现金流贴现法的基本投资思维是直接估算投资的未来收益与风险水平，通过对二者的权衡来判断投资的价值。其中自由现金流量代表了对公司未来收益水平的估计，而贴现率则反映了对投资潜在风险水平的判断，投资存续期间的所有收益按照风险水平折算的现值就是该项投资当前的投资价值。这已经在本书第二章进行过系统介绍。在现金流贴现法下又可以分为公司自由现金流贴现法、股权自由现金流贴现法以及红利贴现法。

无论是现金流贴现法还是可比法，最终落脚点都是努力去评估股权投资的合理价值。其实，两种方法的思维逻辑并没有任何新奇独特之处，都是我们日常生活中进行投资决策的基本逻辑。例如在房地产投资时，我们会通过预测未来房租收入、购房资金的机会成本以及房屋未来的出售价值来估计该房产的合理价格，这便是一种现金流贴现的基本思维。更通常情况下，我们会依据周边楼盘的平均价格来判断目标楼盘价格的合理性，并在这个基础上按照开发商口碑、物业水平、楼房户型等因素对该基础进行调整以得到对目标楼盘价格的合理估计。这就如同我们通过可比法来判断股权价值的合理性。

价值本质：自由现金流的数量、时间和风险

从表面上看，可比法与现金流贴现法似乎有着本质性的区别。首先，从使用的方便程度上，可比法显然更胜一筹。现金流贴现法总是以对企业的详尽分析和全面假设为基础，并通过完整的财务模型来实现。所有的假设都是透明的，都可以进行推敲和检验。估值结论和假设之间的关系也是透明的，每一种要素对最终结论的影响程度都可以清晰和定量地体现在估值模型之中，这是一种不允许死角和模糊地带的估值方法。简单的损益预测无法完成对未来自由现金流量的估计。而对完整三张基础财务报表的预测以及由此计算出的财务比率，都将考验分析人员对企业的了解程度以及各项预测的合理性。任何在资

产、负债、收益、费用等方面预测的不合理或者不一致都将会在预测财务报表以及财务比率中清晰地展示出来。与此同时，现金流贴现法的结果对一些假设数据也相当敏感，假设数据的较小变化，就会引起估值结果的较大差异。相比之下，可比法要简化的多，预测一张损益表就行，甚至只预测一个收益指标就可以完成对目标投资的估值。在很多情况下，无论是对可比公司的选择，还是具体估值倍数的调整，甚至在相关收益指标的预测上，可比法下的假设以及假设和最终结论之间的关系都显得含含糊糊，甚至不明不白。

同时，或许也是更重要的，因为两类方法在价值判断逻辑上的差别，它们对资产市场价格波动的反应也截然相反。在现金流贴现法下，评估结论与各项基础假设直接相关，而这些基础假设一般都来源于对投资基本面要素以及未来发展趋势的判断，很少与该项投资的市场价格相关联。因此，只要宏观经济环境、行业发展趋势、企业内在要素等方面没有发生大的变化，现金流贴现法的估值结果就不会发生重大变动。与现金流贴现法以不变对万变的特点相比，由于可比法的估值基础是市场业已形成的对同类资产的价值判断，可比法的特点则完全可以用随波逐流来形容，市场价格的任何波动都将反映到可比法对目标资产的评估结果中。

但上述差别的本质并不在于可比法与现金流贴现法本身，而更多的在于对方法的错误使用。从基本面分析的角度看，无论使用哪一种方法进行估值，都需要对企业的基本面状况有全面而深入的了解。对可比法的随意使用而造成的轻巧和简便的特性更多的只是一种假象，并在很大程度上诱惑着人们忘记对企业内在基本要素的深入分析。正如麦肯锡公司在《价值评估》中所说：

采用行业平均倍数可能是危险的。除了假设一个行业中典型公司的ROIC和增长率与被估值公司的ROIC和增长率一致以外，会计差异、通货膨胀的作用、周期性和其他因素都会扭曲倍数。最后，获得可信的行业倍数实际上与准确的现金流预测需要付出同样程度的努力。

——《价值评估(第四版)》第三章 价值创造的基本原理

此外，可比法能够较好地反映市场情绪也是一种假象，因为此时估值的重点已经不再是对企业内在价值的合理判断了，而已然变成了对市场情绪的追逐，这即便从出发点上也已经背离了基本面分析的初衷。在这种情况下，对各类倍数的猜测和对股价的直接猜测根本就没有多少区别，而可比法本身也常常陷入循环论证的怪圈。

小问题：A 公司高估还是 B 公司低估？

假设在 A 股市场上存在同行业的可比公司 A 和 B，当前 A 公司的 PE 为 25 倍，B 公司的 PE 倍数为 30 倍。那么，到底是 A 公司以 B 公司的 30 倍 PE 来衡量过于低估了呢？还是 B 公司以 A 公司的 25 倍 PE 来衡量过于高估了？从可比法的表面逻辑上看，上述两个结论都可以成立。但一个明显的事实是，这两个结论是相互矛盾的，而且无论是 25 倍还是 30 倍都是市场的结果，根本就不存在谁先谁后，谁更合理。

对于基本面分析来说，无论采用哪一种方法，企业的内在价值都是一个客观存在，各种方法只不过是去探寻这一客观存在的不同路径。基于这一原则，一方面，无论采用什么路径，都不会对客观存在本身产生任何影响，方法之间在结果上的差异，只能说明有的方法是合理的，有的方法不合理，而内在价值只有一个；另一方面，路径的选择显然要以这一客观存在作为导向，不从这个导向入手，方法就会陷入迷途。在本书的第二章，我们已经对内在价值这一导向进行过系统性的介绍，总结起来无外乎三个要素：自由现金流的数量、产生的时间以及面对的风险，这就是内在价值的本质，当然也是理解所有估值方法的本质。

如果不考虑不合理预测的因素，公司自由现金流贴现法显然很好地反映了内在价值的本质，那么在其他方法中，上述本质又如何体现呢？事实上，在可比法下，对内在价值本质的体现主要在于两个方面，一是作为被选择的倍数指标与企业未来的自由现金流量之间的匹配关系，如 PE 中的 EPS 是否能较好的体现企业的未来自由现金流量特征，无论是在数量上还是在时间上；其二则在于公司之间风险特征的实际可比性，即相互比较的 EPS 之间是否具有近似的风险特征。

小问题：A、B公司的价值相同吗？

如果存在A、B两家公司，两家公司在未来所有年度的自由现金流完全相同，且两个公司的主营业务也完全相同，但是由于会计准则、会计政策等原因，A公司当年的净利润小于B公司，因此市场上A公司对应的PE高于B公司，那么是A公司高估了呢？还是PE倍数需要调整？

基于基本面投资的角度，上述案例中的两家公司显然具有同样的价值。这也从相反的方向阐述了可比法体现内在价值本质的第一个方面。如果被选择的可比倍数已经在很大程度上无法显示企业未来的自由现金流量特征，那么要么调整指标，要么放弃方法。

案例：块状资产的低PE特征

所谓的“块状资产”，就是在很多行业中因为技术等方面的原因，公司必须以大件非连续的方式购买或建造的固定资产。比如石化行业中，一些基础性的设备存在很强的规模效应，如果要扩充生产能力，必须进行大规模的资产添置；水电行业中的大坝等永久建筑物也不可能随着发电机组投产的进度而逐步建设。通常来说块状资产的折旧在企业经营成本中所占的比重很大。块状资产的另一个特征是在进行大规模集中更新之前，这些资产的资本性支出很小，运行维护的费用相对于资产规模也很低。正因为如此，块状资产的自由现金流较为充裕，其内在价值相对于当年净利润的比率也会偏高，但并不能由此得出该资产被高估的结论。

以水力发电为主营业务的长江电力(600900)就具备典型的块状资产特征。2009年长江电力(600900)公布了整体上市重组方案。本次交易长江电力将支付1075亿元的对价收购控股股东三峡总公司的9#～26#共18台单机容量70万千瓦的发电资产以及6家生产辅助公司的股权。在下述简单但合理的假设下对长江电力新收购资产的财务绩效进行了预测。假设前提包括：

(1) 利用时数4700小时；

(2) 上网电价0.26元/度(含税)；

(3) 增值税返还比例 9%;

(4) 现金成本占收入比重取历史平均水平 15%;

(5) 折旧按直线法提取，年限 25 年;

(6) 所得税率取 25%;

(7) 为更好说明块状资产的市盈率特征，不考虑资产承担的付息债务;

(8) 贴现率取三峡工程可研采用的 8%。

在此基础上我们构建两种完全不同的现金流模式(见表 6-1)。第一种为公司现有的块状资产模式，即发电机组运行 25 年终止运行，忽略未来新一轮块状资产模式可能的终值。第二种为平稳发展模式，是将每年的折旧进行再投资，公司现金流永续存在。计算结果见表 6-1:

表 6-1 长江电力两种完全不同的现金流模式对比 (单位：亿元)

	块状资产模式	平稳发展模式
收入	132	132
NOPLAT	64	64
+ 折旧	43	43
- 资本支出		43
=FCFF	106	64
现金流年限	25	永续

我们用选定的贴现率 8%对这两种模式进行贴现，在当年净利润完全相同的情况下，块状资产模式下新购资产的贴现值为 1136 亿元，每台机组平均价值为 63 亿元，对应的市盈率为 18.7 倍；平稳发展模式下新购资产贴现值为 797 亿元，比块状资产模式低 30%，市盈率为 13.1 倍。

可比法对内在价值本质体现的第二个方面便在于可比公司的选择。参照物是理解和使用可比法的另一关键。如果选择的参照物缺乏参照意义，或者核心要素不能体现参照物与目标投资之间的比对关系，或者参照物本身的价格并不合理，那么可比法的使用也就失去了其本来的效能。正如麦肯锡公司在《价值评估》中所说：

从估值的角度看，样本中不是每个公司都具有真实的可比性。认识到倍数中存在的系统差异的驱动因素，对于合理的使用倍数是至关重要的。

——《价值评估(第四版)》第十二章 使用倍数方法估值

因此，只有风险和收益特征比较接近的公司才可能被视为可比公司。但正如世界上找不到两片完全相同的树叶，同样也找不到两个完全相同的公司，公司之间必然会存在一定的差异。一般来说，可比公司与目标公司之间应该具备以下一些基本特征，才有可能满足上述要求。

首先，具有类似的业务或者行业背景。不同行业由于其产品特性、生产流程、原料供应、市场发展等具体特征的差异，其未来收益和风险变化的影响因素完全不同，这因此也是可比公司选择的首要条件。有的分析将化工行业内的所有公司都视为可比公司，而实质上这些公司的上述特征差异很大，这显然违背了这条原则的初衷。所以，上述原则一定要从风险和收益影响要素的角度进行把握。

其次，具有类似的规模。不同规模的企业其抗风险能力、增长潜力、甚至核心价值驱动要素等都可能有所不同，因此即便在同一行业内，华联超市和沃尔玛显然也不能同日而语。一般来说，市值或者销售收入等指标可以用来判断公司在规模上是否具备可比性。

第三，具有预期近似的增长率。公司的价值总是企业未来前景的反映，两个当前状况完全相同的企业如果未来的增长率存在明显差异，其价值显然应该具有本质差别。

第四，近似的股东结构。这条原则主要是从公司治理的角度来考察公司间的可比性质。一般来说，一股独大的公司和股权分散的公司在决策机制上会有所差别，可能造成公司不同的发展策略和发展方向，从而表现为对投资人而言不同性质的风险。就我国资本市场的具体情况来看，国有控股和民营上市公司不同的行为方式特点就会对公司的未来走向造成不同的影响。

第五，近似的资本结构，即公司对财务杠杆的使用程度。资本结构的差异一方面表现为企业风险的差异，因为负债比例高的企业其股东面临的风险会更大。另外资本结构也会对净利润等指标产生影响，从而扭曲企业间的可比性质。

最后，类似的地域特点和收入来源特点。这一点也很好理解，同行业、同等规模的美国和中国公司之间、产品主要出口和主要内销的公司之间，其价值影响要素肯定会有所差别。

以上是可比公司应该具备的一些基本特征，这些特征可能会由于具体的使用环境而有所调整，但无论如何，未来收益和风险特征的类似性是可比公司选择的根本原则。只有可比法的使用遵循了内在价值的基于原理，方法本身才可能成为探寻企业内在价值的有力工具，进而可比法的方便性和简洁性才能具有现实意义。正如麦肯锡公司在《价值评估》中所说：

尽管许多人声称倍数法是一种容易使用的估值方法，事实上却并非如此。正如你会看到的那样，完善的倍数分析要求许多的调整(和工作)，与传统的折现现金流法相比调整(和工作)一点不少。

——《价值评估(第四版)》第十二章 使用倍数方法估值

第二节 行业粗算估值法

这种结论或许比其他任何东西都能更深切地让我们感受到，金融思维与普通的工商业思维之间所存在的日久弥深的鸿沟。一个难以令人置信的事实是，华尔街从来不问：“出售这家企业时能卖多少钱?”而这正应该是打算购买股票前应该问的第一个问题。

——《证券分析》第四十二章 资产负债表分析：账面价值的意义

以实业界的眼光对待证券投资是基本面分析的一个重要原则，但正如格雷厄姆所说，在现实世界中，证券市场的出价和实业界的出价之间总是存在巨大的鸿沟。

案例：市场估值与用友软件(600588)收购估值之间的差异

2008 年 10 月用友软件(600588)以 3.8 亿元现金收购北京方正春元科技发展有限公司的全部股权，该公司主要从事政府资源规划软件的开发和销售。该笔收购是用友软件 2008 年并购活动的最大手笔，除此之外，公司还收购了中国最大的 CRM 解决方案及产品提供商特博深信息科技公司、地税软件及服务主要提供商之一南京宏图天安软件信息系统有限公司和两家提供中型房地产解决方案的软件公司。

公告显示，截至 2007 年 12 月 31 日，方正春元的净资产为 6431 万元，当年净利润为 4115 万元。以此测算的用友软件出价相当于 5.9 倍 PB 和 9.2 倍 PE，由于当时已经近 2008 年底，所以实际的 PE 和 PB 倍数应该更低，可以近似地将其认为是实业界对此类资产估值水平的一个参考。对于定价依据，公告中只是含混地表述为“考虑方正春元在财政信息化市场的领先地位、其产品及技术、客户关系及业务基础等情况，依据方正春元2007年度主营业务收入、净利润和主营业务经营业绩的增长预期及目前的市场资金成本等因素进行定价”，而且“公司预计其未来3年主营业务经营业绩能保持较快增长”。

由于软件企业的很多软件著作权并不作为资产入账，这实际上又是企业的核心资产之一，因此净资产并不是测算公司价值的合理指标。同时在方正春元不作为资产入账的软件著作权经过评估加上收购溢价都会体现为用友软件的资产，所以二者的PE指标更具有可比性。显然如果以二级市场的估值水平来看，这样的价格无论如何也是相当便宜。

即便以当时的市场价格和预计2009年的EPS测算，用友软件的PE也在20倍左右，是上述收购价格的两倍。资本市场的估值和实业界估值间如此巨大的差距产生了一个非常有趣的现象，以9.2倍PE收购的方正春元的EPS迅速通过用友软件这个载体而升值到20倍PE。换句话说，上市公司的股东基本无需做任何工作，而是通过单纯收购EPS就可以使自己的财富不断增值。从另一个角度来讲，如果方正春元的股东在获得了用友软件的支付款后立即买入用友软件的股票，那么他们每年所能获得的利润将至少下降一半。

上述现象综合起来或许也无外乎以下几种可能。

首先，基本面差异。不同质量的EPS理应具有不同的价值。即便方正春元和用友软件同样是上市公司，但其EPS在构成上、影响因素以及发展前景等方面的差异也会造成同一水平EPS的质量差异，因此其PE倍数肯定也会有所不同。

其次，流动性溢价。资产的流动性的确具有一定的价值，所以股权分置改革中大股东都要支付对价。但现在还没有能够估计这种价值的可靠方法。对于不同类型的人，流动性的价值也不尽相同。彼得•林奇曾经说过，易于离婚并不是结婚的理由，换句话说，容易卖出并不是买入的理由。但这当然只针对那些基于企业基本面价值的投资者而言。

最后，资本市场的过分高估。如果对前两点原因并没有多少信心，那么第三种情况的可能性就会很大。因此，从浮躁而多变的资本市场思考方式转向更关注持续长期真实盈利的实业思维方式，是基本面分析的一个必要视角，其中实业界常用的若干估值方法是实现上述转换的有效工具。

与资本市场常用的估值方法不同，在一些具体行业，实业界经常使用一些与该行业核心经济技术指标紧密相关的资产评估方法，由于仅仅依靠某一指标，例如石油行业的储量、电力行业的装机容量等，而忽视了其他因素对资产价值的影响，因而也被称为行业粗算法。行业粗算法假设行业中具有一个压倒一切的核心价值决定要素，该要素能基本确定该投资的价值区间。

尽管略显粗糙，行业粗算法却具有两个其他方法所不具备的独特优势。

首先，行业粗算法从行业内最核心的经济技术指标入手，不仅避免了财务数据扭曲所造成的估值误差，更重要的是它从根本上保证了基本面分析的出发点，即格雷厄姆所说的从金融思维向工商业思维的靠拢，进而促进投资者以实业投资的视角进行价值判断。

其次，行业粗算指标一般都会形成一个实业界基本认可的合理区间，相比于股票价格以及各类常用估值倍数的波动，这一区间相当稳定，它基本代表了实业界从长期和持续的角度对业内资产的价值判断标准，这也为基本面投资判断提供了一个可靠的参照。因此，尽管略显粗放，但行业粗算法仍不失为基本面分析的一个重要视角。

EV/储量估值法

对资源类公司而言，占有资源的数量以及资源的市场价格永远是其价值最核心的驱动要素。以黄金开采业为例，由于金价具有很强的周期性，黄金开采企业的 EPS 随金价波动明显，单个年度的 EPS 很难对企业持续盈利能力具有合理的指示意义。同时，与煤矿等资源不同，金矿的开采期限较短，一般都在 10～15 年左右，这些特征都使得以年度收益为基础的可比倍数丧失了合理性的基础。

在这两个因素中，价格显然是琢磨不定的，甚至可以说是无法把握的。因此，在一个相对合理的长期稳定价格的假定下，储量成为资源类企业价值的首要驱动因素，进而形成资源类公司中一个常用的可比倍数——EV/ 储量，其中的 EV 为权益的市值(包括少数股东权益)以及付息债务的总和。

案例：中金黄金(600489)的 EV/ 储量估值法

金价上涨、储量增加，这似乎足以成为中金黄金(600489)走出超强行情的依据。中金黄金 2006 年不包含当年探矿增储的黄金储量约为 52 吨，当年生产和加工的矿产金为 4.63 吨，其剩余开采年限约为 11 年。由于资产注入、对外收购以及自身的探矿增储，公司 2008 年的黄金储量达到了 327 吨，是 2006 年的 5.6 倍，而其当年的产量仅为 2006 年的 2.5 倍，更有分析员预测其远期储量将达到 800 吨。

2009 年 9 月公司股价达到 62 元 / 股，以与母公司股东权益的比例测算少数股权价值，截止当期公司拥有黄金储量约 391 吨，则其 EV/ 储量为 152 元 / 克。当前黄金的市场价格为 220 元 / 克，而储量也不可能直接变成黄金，如果以 120 元 / 克的黄金生产综合成本来衡量，以现有的市值买下这些储量可能并不是一个合算的买卖。

在当时的市场环境下，中金黄金的股价还包含了投资者对大股东资产注入的预期，上述分析中并没有包含这一因素。但这一因素也没有投资者想象的那么简单，其中的关键在于注入资产的合理价值以及原有股东将为此支付的价格。毫无疑问，没有资产将被无偿注入，现有股东必须支付现金或者稀释股份。有分析员以公司将要获得的黄金储量计算 EV/ 储量倍数，从而使现有价格看上去颇为合理，但这里显然内含了新增储量无偿获得的假设。

2009 年 9 月，香港联交所发布了《就矿业及勘探公司制定新〈上市规则〉之咨询文件》，以求对自然资源勘探、开采和生产的公司上市以及持续信息披露予以更严格的要求，其中对矿产资源及储量的分类标准和报告方式等都进行了详尽的规定。上交所和深交所也在 2008 年分别发布了《上市公司矿业权的取得、转让公告》以及《信息披露业务备忘录第 14 号——矿业权相关信息披露》，对上市公司矿业权信息进行规范，但相比而言，其专业性和规范性与联交所的规定完全不能相提并论。在现有 A 股公司的信息披露中，要想基于储量对黄金开采类公司进行合理估值并非易事。矿石品位、开采条件、生产能力、勘探支出等重要信息在年报中都没有披露，也没有由公认第三方所出具的储量报告，年报中仅有的储量数据也缺乏明确和统一的口径定义。

与所有的行业粗算法一样，尽管储量非常关键，但也不可能以一种线性的方式影响企业价值，EV/储量依然比较粗糙，只是给企业的价值划出一个大概的范围，要进行更细致的分析还必须考虑产量、黄金回收率、以及银、铜、硫酸等副产品收入等其他因素。

NAV 法

NAV 法，也称资产净现值法，即通过现有资产在其寿命期内的净现值来评估企业价值。NAV 法本质上可以理解为现有资产的 DCF 估值，因此从原理上很容易理解，只不过使用了现有资产的价值作为整个企业价值的估计，这其中的差距当然在于企业持续投资对未来价值的影响。当现有资产对企业的影响巨大而且持续期间较长时，这种简化具有一定的合理性。NAV 法总体上隐含着一个资产驱动价值的假设，因此现有资产越是稀缺，其合理性也就越强。一些资源型行业，如石油、矿藏甚至高速公路行业，NAV 法均具有较大的合理性。但这种方法也在房地产行业的估值中大量出现。

由于房地产开发公司通常是由一个个具体项目构成的，这些项目从开始投资到最后取得收益一般都需要经过一年以上的时间，如果不是像万科 A(000002)这样具有足够多项目的大型地产开发企业，一般都会因为项目的结算时间造成销售收入、净利润等指标在年度之间的大起大落，这使得以 EPS 为基准的 PE 估值的合理性大大降低。NAV 法通过对每一个项目净现金流的测算很好的适应了上述特点，进而成为房地产行业中使用频率最高的估值方法。它用房地产企业当前土地储备(还包括在建项目以及持有的已完工项目)在未来能够带来的净现金流的现值作为对企业价值的估计，在一定程度上弥补了传统可比估值方法由于房地产行业特殊性而造成的扭曲。但这种合理性也是相对的，其缺陷同样明显，不加注意的盲目使用一样会造成重大的估值偏差。

案例：房地产行业的 NAV 法估值偏差

首先，NAV 法的隐含假设表明，现有资产对企业的影响期间越长，它的价值与企业总价值之间的偏差就越小，反之二者之间的偏差就可能会很大。以万科 A(000002) 为例，按照公司“已获取规划中建筑面积”与“下一年新开工面积”的比例来近似衡量其土地储备年限，从 2003～2007 年该比例的最高值为 3.3 年，随着新开工面积的不断加快，该指标在 2005～2007 年仅为 2.4～2.6 年。王石也在多个场合表示万科的土地储备以不超过 3 年为限，现实中分析员在使用 NAV 法时的假设年限一般也都不超过 3～4 年。这对于任何一个企业来说都过于短暂。

除了不能代表企业的整体价值以外，房地产行业现有资产的短期特性还导致 NAV 法的估值结果经常是助涨杀跌。在房地产景气甚至泡沫阶段，地产公司往往可能非理性地囤积土地，而此时对房价的预期也同样高涨，因此 NAV 估值水平必然大大上升。而当行业陷入低迷，地产公司往往减少土地储备以保证现金供给，同时房价的预期也会变差，NAV 结果自然更为低迷。NAV 法中并没有包含对地产企业长期盈利能力的考量，对于房地产这样一个明显的周期性行业，NAV 的结果通常只是在别人贪婪的时候更贪婪，在别人恐惧的时候更恐惧。

最后，对于不同的房地产企业，上述资产对企业的影响期间可能相差很大，因为没有两家公司的土地储备年限是相同的。仍然使用上述指标对 2007 年房地产销售收入最大的前三家公司进行比较，万科 A(000002) 为 2.6 年，金地集团 (600383) 为 4.4 年，泛海建设 (000046) 为 6.7 年。因此那些现在常见的 NAV 估算结果与现有市值的比较，以及由此而对不同地产公司投资价值的判断很可能只是错上加错。

所以对于房地产业，NAV 法更适合于项目估值而不是公司估值。在当前很多涉足房地产的 A 股公司中，与其说是有房地产业务，不如说只有一些房地产项目，业务可持续性很差，此时用 NAV 法估计这些公司地产板块的价值就比较合理了。在现实操作中，可能是为了弥补上述缺陷，分析员经常使用折溢价率对 NAV 的估值结果进行调整，但这一比率更多来源于感觉而不是分析，这与直接对股价进行猜测并没有太多本质性的区别。

因此，在使用 NAV 法对房地产公司进行估值时，必须清晰地认识到，在这种方法下是将房地产公司假设为一个大的地产项目，而不是一个具有持续经营价值的公司。虽然土地是不可再生的，而且土地储备在很大程度上影响着地产企业的发展，但这种影响并不足以到达依赖的程度，现有土地储备对于房地产企业更像是一种重要的生产资料而不是立命之根本，土地储备驱动地产企业价值的命题并不成立。因此基于现有土地储备的 NAV 法并不能体现地产企业的核心竞争能力，将其视为清算价值对待可能更为合理。

EV/ 装机容量法

对于公用事业行业，盈利能力的变化区间较小，因此资产规模成为判断企业价值的核心要素。以企业市值除以该行业内的典型资产规模指标，便成为该类行业中常用的估值方法，如发电行业常用的 EV/ 装机容量指标。该指标代表了获得每一千瓦发电资产所需支付的对价，在发电行业中经常被用来粗算项目投资的合理性。在实业投资领域，这一个指标的合理范围相当稳定。对于上市公司来说上述指标就等于每千瓦资产所对应的股票市值与付息债务的总和。

案例：长江电力(600900)的 EV/ 装机容量估值

2009 年 5 月 18 日，停牌长达一年多之久的长江电力(600900)终于复牌。与当初 14.65 元的停牌价相比，公司复牌当天股价冲高至 15.79 元后回落，并在 5 月 22 日报收于 13.77 元，相比一年前下降 6%左右。按照一些分析人员的看法，这样的下降幅度与 7%的水电行业指数在这一期间的跌幅相符，而由于“收购资产价格合理”整体上市对公司股价的影响微乎其微。按照这种解释，市场果然是出奇的冷静。但即便是简单的运用电力行业最经常使用的行业估值粗算指标——每千瓦市场价值来测算，上述过程也远没有那么平淡。

按照长江电力 14.65 元的停牌价以及公司 2008 年的财务数据测算，公司当时的股票市值为 1379 亿元，加上 163 亿元的付息债务，对应的装机容量为

837万千瓦，因此当时市场对于长江电力发电资产的估值水平在1.84万元/千瓦左右。按照长江电力的整体上市方案，公司将通过以每股12.89元增发15.52亿普通股，同时举债875亿，以获得集团所拥有的1260万千瓦的发电资产，对应的资产评估价值为1075亿元。因此整体上市后公司的总装机容量将达到2097万千瓦，如果还是对应1.84万元/千瓦的市场估值水平，那么这部分资产的市场价值将达到3864亿元，扣除原有和新增的债务共1038亿元，对于合并后的110亿股来说，每股的价值将在25.77元左右。以此价格测算，13.77元的当前收盘价相当于47%的跌幅。同样按照上述逻辑，当前价格水平对应的长江电力发电资产的估值水平在1.22万元/千瓦左右，相比当初1.84万元/千瓦下降了34%，由于财务杠杆的作用，所以股价下降的更多。

在长江电力整体上市方案对股价的影响中，PE、PB这些指标均已不再适用，因为无论是新注入的资产以及注入资产后的新公司，其财务杠杆比例都发生了巨大的变化。整体上市前，长江电力每千瓦资产的债务是1953元，而注入资产的每千瓦债务是6944万元，完成整体上市后公司每千瓦资产的对应债务是4952万元。因此所谓的业绩增厚和ROE提升中都包括了过多的财务杠杆因素，无法作为对企业价值的判断依据。上述分析中没有考虑长江电力所拥有的上市公司股权、停牌期间的现金分红、以及对湖北省能源公司股权投资等因素的影响，相对于水电主业资产而言这些部分比例较小，不会对上述分析逻辑造成实质性的影响，但要想得出更严格的结论理应对所有上述因素进行综合考虑。

是什么因素导致看似平淡无奇的交易背后出现如此跌宕起伏的价格变动呢？对整体上市交易中各个参数的理解是其中的关键。长江电力整体上市的增发价格是按照惯例根据定价基准日前20个交易日的股票均价确定的，因此整体上市本身似乎看起来不应引起股票价格的大幅波动。但这种股价上的一致只是一种表面现象，因为它们对应的本来就是不同的内容。与新增股份对应的支付对价是被收购的资产，对应的利得则是完成收购后新公司一定比例的股权，而当前的股票均价代表的则是收购前公司股权的公允价值。因此在分析以股份增发方式收购资产的交易中，重要的并不是被收购资产的评估价值以及增发价格，而是被收购资产的市场价值以及增发的股份数量，这才是影响股票价格的关键。依然按照上述逻辑以及当时 1.84 万元 / 千瓦的市场估值水平测算，股东注入资产中权益的价值应该为 1447 亿元，当时上市公司的股票市值是 1379 亿元，但最终股东通过注入资产所获得的新公司股份只占全部股份的 14%。

在这种情况下，以行业经济技术指标为基础的估值方法能较好的规避复杂交易所造成的财务数据失真以及可比性的丧失，使投资者较为方便的触摸到企业价值的真相。

重置成本法

所谓重置成本，就是复制一个企业的全部生产能力所需要的所有支出。虽然这种复制仅仅存在理论可能，同时忽略了盈利能力、管理水平等重要因素在企业间的差别，但对于那些投资巨大且产品差异较小的资本密集型行业，企业价值与重置成本的比较依然可以为投资提供一个相对客观的评价基准。

这其中的典型当属水泥行业。虽然价值重量比限制了产品的长途运输，形成了一定的地域性垄断，但特定区域内的竞争依然激烈，企业获取超额利润非常困难。同时水泥企业普遍采用新型干法水泥生产技术，只是在生产线规模上存在一些差异，基本不存在重大的技术进步空间，产能扩张成为水泥企业实现增长的最核心要素。在这样的背景下，重置成本成为审视水泥行业企业价值的一个重要视角。

案例：海螺水泥(600585)的重置成本估值法

2010 年 3 月 30 日，海螺水泥(600585，0914. HK)披露公司 2009 年财务报告，根据报告，虽然营业收入仅增长 3.2%，但由于费用同比下降，归属母公司净利润同比大增 36%，EPS 达到 2 元 / 股。当天公司 A 股股价近 45 元 / 股，对应 22 倍 PE。同天，国内主要券商都对海螺水泥进行了最新评级，虽然各家机构的假设千差万别，但评级结果大同小异，A 股目标价大部分都集中在 60 元左右。不过也有券商从重置成本的角度对海螺水泥予以卖出评级。

根据海螺水泥 2008 年 A 股增发招股书，其募集资金约 120 亿元，新增产能 2200 万吨 / 年，粗略计算水泥产能的重置成本约为 550 元 / 吨 / 年左右。而根据国内具有垄断地位、也是全球最重要的水泥工程系统集成服务商中材国际(600970)的经营合同公告，国内新型干法水泥产能的建造成本一般也都在 400～600 元 / 吨 / 年之间。剔除熟料和水泥之间的交叉因素，海螺水泥 2008 年水泥和熟料的合计产能在 1.32 亿吨左右，产量为 1.18 亿吨，45 元股价下产能对应的企业价值为 678 元 / 吨 / 年，相比于重置成本明显高估。

但上述分析忽略了两个乐观因素，一方面上述产能中未包含当前仍为在建工程的大量投资，估计产能在 1000 万吨 / 年以上。同时，自 2008 年增发 A 股以来，由于资金相对充裕，海螺水泥偿还了大量债务，降低了公司的杠杆使用水平，也为产能的进一步扩张腾出了融资空间。如果以公司 2006 年的债务权益比作为基准，公司可以利用的借款额度还可以增加 270 亿元左右。结合这两个因素，海螺水泥的未来产能可以达到近 2 亿吨。45 元 / 股对应的吨产能投资在 600 元左右，略高于重置成本水平。不过悲观的因素也同样存在，目前国务院已经暂停审批水泥新建项目，利用并购扩张意味着更高的成本和相对低的效率，所以海螺水泥的产能扩张极限很可能达不到上述规模。同时从历史来看，海螺水泥产能利用率超过 90%的可能性很小，而在未来很可能由于竞争激烈而有所下降的可能性却较大。无论如何，60 元 / 股的估值对于基本面价值来说或许有点过于乐观了。

在研究报告中，绝大部分分析员采用的是 PE 估值法，并对公司未来几年的经营情况做出了详尽预测。表面上看这要比重置成本的估值思路严密和精确很多，其实却不尽然。例如，一些分析员预计公司 2012 年的水泥销量将达到 2.1 亿吨以上，对吨水泥毛利、净利的假设也基本上达到了历史最高水平。虽然重置成本似乎并没有那么精细，也没有考虑产能利用率、设备成新率、企业管理水平等很多重要的价值影响因素，思考方式较为简单，但这种方法的客观性却足以为投资者提供一个理性的标尺，有效的避免投资者陷入乐观假设的迷雾。当然，重置成本并不能被简单的等同于价值底线，当非理性的扩张蔓延时，重置成本也很可能难以收回。

反向估值思维

所谓反向估值思维就是指以股票现有价格为前提，基于一定的估值方法，对该方法下影响企业价值的某一个核心驱动因素进行反算，进而通过对该反算结果的合理性检验，实现对当前股价的合理性判断。例如，最被经常用到的PIG法，即价格隐含增长率法，就是基于一定的估值方法计算当前价格中所隐含的对企业未来增长率的预期。

在反向估值思维中，要得出某一核心驱动因素在现有市值下的对应结果，必须基于两个前提：一是核心驱动因素对股价的影响逻辑，所谓反向也就是指该逻辑的相反方向；二是对该方法下其他参数的假设。上述两个前提的合理性决定了反向估值思维的合理性。理论上讲，任何正向估值思维都可以进行反向处理，实际上对当前股价计算PE倍数本质上也属于这种思维方式。当正向估值思维逻辑清晰，且核心驱动因素并不复杂时，反向估值思维的视角也就更为清晰。

案例：股价中的酒价预期

2011年7月，虽然上证指数还在3000点左右徘徊，但在一些具体行业，部分公司的股价已经接近甚至超过了股指在6000点左右时(2007年10月)的最高水平，白酒类公司便是其中的突出代表。尽管2008年的消费税改革以及对酒后驾驶的严查被看做是小小的利空，但这与投资者对白酒价格的上涨预期相比似乎根本不值一提。根据一份研究报告，2005～2008年，53度茅台、52度五粮液和52度国窖1573的累计提价幅度分别为63%、31%和56%，这种趋势在2009年丝毫没有放慢脚步，由于高端白酒相对稀缺，高端酒价格的持续上涨似乎已经成为所有人心目中铁板钉钉的必然趋势。

相比其他行业，白酒公司的现金流较为稳定，同时由于固定资产重置费用较低，企业的经营活动现金更接近于公司自由现金，这使得以下分析逻辑具备了一定的合理性基础，即以公司经营活动现金流为基准，通过一个相对简化的二阶段增长模型，在DCF法下估算现有股价中所隐含的白酒价格预期增长。

具体而言，假设白酒公司未来的增长全部基于价格上涨实现，公司经营活动现金流的增长与销售收入同步，这种增长将从 2009 年开始持续 10 年，之后公司进入稳定增长状态。以公司 2006～2008 年 3 年平均经营活动现金流水平作为企业创造自由现金能力的参照基准，投资人的最低回报要求即贴现率为 8%，10 年后的稳定增长率为 3%，那么要使上述公司自由现金流的贴现结果与当前的市值吻合，这 10 年的持续增长率到底应该达到多少呢？

我们选取泸州老窖(000568)、山西汾酒(600809)等 5 家白酒类上市公司作为研究样本，计算结果如表 6-2。其中隐含的预期增长率最高的为古井贡(000596)，10 年的复合增长率达到 15%，累计增幅将达到 4.7 倍。上述分析结果可以用人们熟知的泸州老窖来说明，公司 2008 年高档酒的收入为 24.89 亿元，对应销量 9200 吨，平均价格为 135 元 / 斤，中低档酒的平均价格为 11 元 / 斤，按照复合增长率 14.5%计算，公司必须在 10 年后将高档酒的平均价格提高至 597 元 / 斤，中低档酒的平均价格提高至 49 元 / 斤。或许平均价格还不够直观，以 2008 年底每瓶 478 元的出厂价测算，国窖 1573 在 2019 年的出场价需要达到 2111 元 / 瓶。

表 6-2　5 家白酒类上市公司研究对比　　（单位：万元）

股票代码		000568	600809	000596	600197	600199
证券简称		泸州老窖	山西汾酒	古井贡酒	伊力特	金种子酒
经营活动现金	2008 年	81,398	58,970	20,776	22,784	14,347
	2006～2008 年平均	79,993	35,193	12,533	15,139	7,372
	3 年平均 /2008 年	98%	60%	60%	66%	51%
当前股价		34	38	33	13	16
2008 年最高		47	38	27	16	12
10 年复合增长率		14.5%	11.0%	15.1%	8.5%	13.9%
10 年累计增长率		4.4	3.2	4.7	2.5	4.2

一般来说，反向估值思维只关注重要逻辑和核心要素，因此总体上仍然是比较粗糙的。在上述案例中，首先，白酒行业的增长除了价格因素还有销量因素，

只不过相对于价格的增长，销量增长的空间较为有限，而且一般还需要进行额外的投资；其次，如果仅仅考虑价格因素，那么成本的上升必然应该低于收入的上涨，因此经营活动现金的增长速度理论上应该大于销售收入的增长速度，上述分析忽略了其中的差异；第三，像泸州老窖这样的公司还拥有数额较大的华西证券股权，在市值中对该部分资产的估值并没有在上述分析中剔除；第四，从这几家白酒公司来看，其经营活动现金几乎都是在 2008 年达到顶峰，3 年平均的经营活动现金流水平与 2008 年当年的经营活动现金差异较大，对经营活动正常水平或者基准值的判断将极大的影响分析结论。因此在面对某一个具体的投资决策时还有其他很多因素需要考虑，但在一些较为合理的假设条件下，反向估值思维仍不失为一个非常有益的分析视角，尤其是在对当前价格进行合理性判断时。

第三节 常见估值方法误用

一些专门寻找便宜货的投资者认为不管什么股票只要它的市盈率低就应该买下来，但是这种投资策略对我来说没有什么意义。我们不应该拿苹果与桔子相比，因此对于陶氏化学公司股票而言明显偏低的市盈率，对于沃尔玛公司股票而言却并非如此。

——《彼得·林奇的成功投资》第九章 我避而不买的股票

错误的方法显然不可能带来正确的结论，对正确方法的错误使用也是一样。任何一种估值方法都有其使用前提和局限性，突破了这个范围，方法不仅会无益反而会有害。由于对使用前提和局限性的普遍忽视，在估值实践中各类方法的误用层出不穷。实际上，辨认和避免这些误用并不困难，只要回到企业内在价值的基本面影响要素，重新审视在各种估值方法的实际运用中是否较好地反映了这些要素以及其对内在价值的影响逻辑，很多错误都可以一目了然。

PE 综合症

对 PE 的误用与对 PE 的使用一样普遍，对一个没有充分理解的 EPS 给一个不分青红皂白的 PE 是时下一种非常普遍的分析逻辑。分析员们更是对精准预测未来一年的 EPS 乐此不疲，并以此作为判断股价的不二法门。但正如彼得·林奇所说：

一批又一批的证券分析师和统计学家都在向解决如何准确预测公司未来收益这个问题发起冲击，但是你随便拿起一本最近的财经杂志都可以看到他们的预测往往是一错再错。

——《彼得·林奇的成功投资》第十章 收益，收益，还是收益

事实上，抛弃对 EPS 中所包含的基本面因素的深入分析，孜孜以求的追逐 EPS 在数量上的精准已经成为当前 PE 指标运用的首要误区，这显然已经偏离了探寻企业内在价值的基本方向。除此之外，影响 PE 指标的误用主要存在于两个方面，一方面在于 EPS 的扭曲；另一方面在于 EPS 在不同公司之间的不可比性。对于 EPS 的扭曲，前文中已经讨论过多种情况，而 EPS 的不可比则主要在于公司之间在基本面因素、资本结构、会计政策等方面的差异，以及本身业务的非持续性等。对基本面因素可比性的讨论可见本章第一节“不同的形式相同的本质”，对会计政策的讨论可见本书第五章第二节“会计玄机”，以下讨论其他几类典型情况。

资本结构的差异对 EPS 可比性的影响主要体现在两个方面。首先，不同资本结构所导致的财务费用的差异会对 EPS 产生直接影响，这本身就扭曲了企业的真实经营绩效；其次，资本结构的不同会对企业的风险产生不同影响，由于银行借款刚性的利息和本金偿还约定，对银行借款的利用水平越高，股东所面临的破产风险就越大。所以，即便对于同样性质的企业，如果其资本结构差异很大，其 EPS 之间的比较也很可能缺乏合理性。

EPS 的不可比性还可能来自业务多元化以及业务的非持续性。对多元化业务公司，分析员经常只是给出一个单一的 PE 进行估值，而这个 EPS 实际上是一个多种不同业务 EPS 的混合体，所谓“合理的 PE 水平”根本没有意义。此外，如果 EPS 的波动性巨大，不能体现企业的持续盈利能力，而不同企业之间的波动又不同步，那么企业之间以及相同企业不同年度之间 EPS 的比较当然也就丧失了意义，这一点在 A 股的房地产公司中尤为典型。

案例：大连友谊(000679)房地产业务 PE 估值误差

对于那些非主营的涉房公司，由于一般来说地产业务规模较小，且地产投资的持续性较差，同时又经常受到非地产主业估值方法的影响，上述缺陷就更为明显。例如，大连友谊在 2003 年获得第一个地产项目的开发权，2004

年、2005年房地产的销售收入分别为3.7亿元与5.7亿元，对净利润的贡献分别为2681万元和7711万元。但随着该项目开发进入尾声，2006年公司的房地产收入与利润骤降，销售收入仅为2.1亿元，净利润为4182万元。2007年虽然公司大连、苏州的三个地产项目全面开工并开始预售，但却与2003年一样未形成任何销售收入和净利润。伴随着2007年的沉寂，2008年公司确认了5.9亿元地产销售收入，这种趋势将在2009年甚至2010年延续。

一些分析员由此开始对公司进行推荐，原因很简单，"由于房地产是公司未来3年利润的主要贡献者，按照2009年15倍的PE估值，合理价格为……"。如果投资者按照该分析员推荐的价格买入，企业保持稳定状态，投资者将15年收回本金。但实际的时间可能更长，由于没有更多的土地储备，这种净利润很可能无法持续，而且即便公司能够保证土地供给，并按照自己的节奏进行开发，同时房地产市场依然平稳，投资者仍然无法完成15年收回投资的愿望，因为基本上可以确定2009年是公司地产项目利润收获的高峰期，并不能代表一种稳定状态。假设项目在3年内开发完成，并在两年内均匀产生净利润，利润产生当年的15倍PE对应的实际上是通常意义上的22.5倍PE，而从历史来看，这种假设对大连友谊这样中小规模的房地产投资已经是相当乐观了。其实分析员都看到了这种房地产项目"能否持续进行的风险"，但却依然如故的按照上述逻辑进行估值。

总体来讲，正确地使用PE并不像表面看上去那么简单。如果缺乏对企业基本面的深入分析作为支撑，PE本身并不能对投资带来多少帮助，那些在市场上张口闭口合理PE的很多人，实际上只是通过PE给他对于股价的直接猜测披上一个看上去似乎科学合理的外衣。

估值别忘少数股东

在诸如DCF、EV/EBITDA等估值方法中，首先得到的是整个企业的价值，即EV。这样做有利于剔除财务杠杆的影响，从而形成对企业真实经营绩效的合理判断。但估值的最终落脚点毕竟是股价，即股权的价值，从EV到股权的价值还需要进行两项调整，即剔除其他两类投资人所拥有的价值——债权人和少数股东。

少数股东，指在公司合并报表子公司中进行投资的其他股权投资人，这些人的投资构成了整个合并报表范围内各类资产的一项重要资金来源，他们的投资额在资产负债表中体现为少数股东权益，与之对应的收益则在损益表中体现为少数股东损益。对于低风险、低收益的债权，实践中一般以账面值作为其内在价值的估计。但少数股权则要复杂很多，除非重要性很低，否则按照账面值做简化处理很可能会造成严重偏差。

案例：A股公司少数股东性质差异

以少数股东权益占所有者权益的比例作为少数股权重要性的参考，并以少数股东 ROE 与母公司股东 ROE 的差额为参考来判断二者的性质差异，为剔除异常年度影响上述 ROE 采用 2005～2007 年 3 年平均值。在上述前提下，根据 ValueTool 公司绩效数据库，在 1400 家非金融类 A 股上市公司中，共有 89 家公司少数股东权益占所有者权益的比例在 3 年中均超过 20%，其中的 43 家公司少数股东权益 ROE 与母公司股东 ROE 的关系相对稳定。凯迪电力(000939)的少数股东回报持续小于母公司股东，ROE3 年均值之差达到 17.4%；而宏达股份(600331)正好相反，其少数股东回报持续大于母公司股东，3 年均值之差高达 39.4%。与之对应的均值差额最小的公司为中国联通(600050)，同口径指标仅有 0.2%。43 家公司中有 14 家公司上述指标大于 10 个百分点。

在实践操作中需要根据具体子公司性质以及所能获得信息的程度对方法进行合理选择。对于少数股权与母公司股权近似的公司，在估值实践中可以将二者作为一个整体对待，并按照账面值的比例来确定各自的价值。以中国联通(600050)为例，由于 A 股上市公司为纯控股公司，只是通过 BVI 公司控制香港上市的中国联通(00762.HK)，所以 A 股年报中的少数股东主要为 H 股公众股东以及持有 BVI 公司剩余股权的联通集团。在这里为少数股东和母公司股东创造财富的实质上为同一块资产，因此二者内在价值的比例和其账面价值的比例几乎完全相等。类似的情况还包括天音控股(000829)，虽然母公司的资产中还包括脐橙、白酒等其他业务，但与公司主营的移动电话销售业务相比数量甚微，少数股权也主要来自这一领域，因此将两类股权统一处理具有相当的合理性。

相比而言，更多的A股公司少数股权的性质与母公司股权差异巨大。如凯迪电力(000939)大部分的少数股权来自其子公司——主要以园区基础设施建设为核心业务的上市公司东湖高新(600133)，而母公司的核心业务为烟气脱硫及电站建设，并于最近两年大举进入煤炭行业。宁波海运(600798)的少数股东主要来自以高速公路经营为核心业务的子公司宁波海运明州高速公司有限公司，而公司的主营业务为航运。该子公司2005年组建，在2007年仍处于建设中。对于这类差异巨大的少数股权，无论是按照账面绝对值还是比例来确定其价值都和现实存在明显误差。此时只能依据少数股权所在子公司的业务性质和经营状况，视所能获得的信息程度采用DCF、PE等方法，对该股权进行单独估值。

事实上，根据ROE的比较来判断少数股权和母公司股权之间的差异过于简化，很多ROE近似的股权其风险和收益的特征可能大相径庭，估值中更重要的是依据这一线索对有重要影响的少数股权做更深入的分析。上述分析在PE估值以及母公司股东ROE分析中同样重要，虽然从表面上看它似乎并不像其他方法那样成为一个必备的环节，但少数股东权益与母公司所有者权益的重大差异，已经说明归属母公司净利润是由若干性质差异巨大的部分共同组成的，忽视这一差异同样会造成PE等方法下的估值误差。

借钱分红的迷魂汤

虽然从理论上说，企业分红与否的根本应在于资金的使用效率。当企业具有好的投资机会时，企业不但不应该分红，还应继续融资，以促进股东价值的最大化。而当资金在企业中没有更高效率的使用途径时，则应将剩余资金还给股东。但在A股公司强烈的投资冲动和广泛漠视中小股东利益的背景下，现金分红总是谨慎的投资者非常关注的一项指标，而以现金分红为自由现金流口径的红利贴现法，即DDM模型，也是在上述视角下评估股权价值的一种重要方法。

使用现金红利作为价值判断的一个前提当然是红利的稳定性。例如，虽然泰山石油(000554)在2007年底的股利回报率，即每股现金红利与股价的比率，达到3.2%并排名A股第一，但它几乎分光了所有未分配利润，分红比例高达269%，这种状况显然是不可能持续的。如果持续稳定的分红仅仅是来自于债务的增加，对这种情况又如何判断呢？

案例：借钱分红的A股公司

振华港机(600320)在2008年支付现金红利5.5亿元，而经营活动和投资活动的累计现金缺口近100亿元，公司当年新增付息债务140亿元。当前绝大多数房地产类企业的分红均属于这一类型。

借钱分红现象其实还远不止这些运营本身就出现现金缺口的公司，凡是一方面分配现金，另一方面又扩大债务规模的公司都具有这类特点，唯一的区别仅在于运营本身是在吃掉还是在累积现金。根据ValueTool公司绩效数据库，在A股1573家非金融类上市公司中，2008年共有443家公司在当年支付现金红利的同时扩大了债务融资的规模，其中现金红利完全小于债务净增加的公司为381家，连续3年具有上述特征的公司有153家，其中3年现金分红总量占3年净债务增加规模20%以上的公司23家。

航天机电(600151)是一家连续7年分红比例都在50%以上的公司，除2005年分红比例达到145%以外，从2004~2008年分红比例都稳定在60%~70%之间，但如此稳定和高比例分红的背后是杠杆结构的不断提升，公司的债务权益比例从2002年的5.1%直线上升至2008年的59.1%。公司近3年的现金分红消耗掉了42%的债务净增加规模。

一手借钱，一手分红，这颇有点打肿脸充胖子的嫌疑，但事情并没有如此简单，背后的原因或许还比较复杂。

首先，在2006年发布的《上市公司证券发行管理办法》第八条第五项规定，上市公司公开发行证券的必要条件之一是，最近3年以现金或股票方式累计分配的利润不少于最近3年实现的年均可分配利润的20%。2008年10

月，在证监会《关于修改上市公司现金分红若干规定的决定》中该条件进一步变更为，最近 3 年以现金方式累计分配的利润不少于最近 3 年实现的年均可分配利润的 30%。上述政策出台的一个重要出发点，是希望矫正那些赚取大量收益却吝于分红的铁公鸡们对股东尤其是中小股东利益的漠视。但分红和再融资本来就是一件事情的相反方向，非要把两件事情连接在一起，就自然会出现上述那种自我矛盾的场景。

其次，借钱分红也可能是企业对资本结构的调整。在这种情况下，借钱分红的确具有合理性。例如，由于总体来讲债权的资本成本要小于股权，同时利息还可以抵减所得税，因此选择合理的资本结构是企业融资决策的重要内容。当公司希望增加债权比例的时候，通过分红手段相应地减少股权投资十分正常。而由于公司一般每年都会将一部分留存用于再投资，因此对于很多企业来说即便是保持现有的资本结构也会出现上述借钱分红的现象。

一方面上市公司甚至无法创造出足够的现金以满足营运的需求，另一方面却又同时支付现金红利。此类红利的实质在某种程度上已经偏离了利润分配的原始含义，因为进入股东口袋的只不过是企业刚刚从银行口袋里拿来的。在这种情况下，将借钱分红下的现金红利直接等同于收益分配是危险的，很容易引起对企业真实盈利能力的过分高估。

即便不是故意为之的迷魂汤，它也仅仅是企业融资策略的一个组成部分，而以融资策略来判断企业的真实价值显然陷入了舍本逐末的误区。在这种情况下，一旦企业的债务规模无法持续稳定增加时，现金红利也就很可能会随之部分枯竭。抛开公司融资策略的合理性不谈，在上述情况下，以此红利水平为基础的价值判断很可能会出现较大偏差。

危险的 PEG

高增长对应高估值，这似乎是一个不容置疑的基本常识，在 2007 年股市最为高涨的阶段，当 PE 已经达到惊人的 40 倍甚至 50 倍以上时，很多人及时转向 PEG 指标。同类型企业不再以拥有近似的 PE 作为合理估值的标准，取而代之的则是 PEG。通过对 PE 按照未来增长进行标准化，相同的 PEG 对应的是高增长公司的高 PE，从而反映出增长因素的估值影响。但事情远没有如此简单，由于存在诸多盲点和缺陷，上述似乎合情合理的逻辑之下蕴含的却是 PEG 指标估值实践中的巨大的风险。

PEG 指标所面临的第一个问题便是关于 G 的选择。与 PE 中对 EPS 的选择不同，实践中对于 G 的选择远没有达成统一，唯一达成一定共识的似乎只有 PEG 为 1 的合理估值标准。但实际上，随着 G 口径的不同选择，例如 1 年、2 年、3 年甚至 10 年的增长率，同样估值水平下的 PEG 指标变化极大。如果没有一个确定的前提，合理 PEG 的标准根本没有任何意义。一般来说，由于短期增长率的波动较大，很多时候不能反映企业经营绩效的真实改善，而对长期增长率的预测较为困难。因此理论上常常推荐以未来 3 年 EPS 的复合增长率作为 PEG 参数的基础口径。

PEG 的计算方法非常简单，一个按照 20%速度增长而 PE 为 20 倍的企业所对应的 PEG 就为 1 倍。但这里的 PE 应该使用静态 PE，而不是通常使用的动态 PE，即在 PE 计算中选择历史 EPS 而不是未来一年的 EPS。原因在于，动态 PE 中所包含的增长因素已经在 G 的考虑之中了。极端情况下，对动态 PE 按照未来 1 年的增长率进行标准化不仅没有意义，反而会将增长因素考虑两次，从而高估未来增长对于价值的影响。

类似对增长价值的高估不仅存在于 PE 的选择上，由于 PEG 指标假定增长率与股权价值之间存在线性关系，从而导致增长因素对价值的影响权重过大，造成了一种系统性的估值误差。

案例：PEG 指标的系统性误差

如果一个企业已经进入稳定状态，未来增长始终为 0，那么在 PEG 估值法下，它的价值如何？显然，无论给予多少 PEG 倍数，其估值结果都为 0。这种系统误差并非只有在这样的极端情况下才会出现。如果 A、B 两个企业未来 3 年的复合增长率分别为 10%和 30%，3 年后两企业均按照同等增长率增长，按照 1 倍 PEG 测算，A、B 企业对应的合理 PE 水平分别为 10 倍和 30 倍。假设其当年 EPS 均为 1，则其价格分别为 10 元和 30 元。但如果投资者按照上述价格购买并持有 3 年，届时 A 企业购买价格对应的 PE 将为 8 倍，而 B 企业购买价格对应的 PE 为 14 倍，同等增长的企业不再对应同样的 PE，这种差距还会随着 PEG 的提高而变大。因此，总体上讲，PEG 指标会系统性的放大增长率的估值影响。

如前所述，价值永远是由企业未来可能创造收益的数量、时间以及风险所决定，各种可比估值倍数只是从不同的角度对上述三大要素的诠释和总结，而这些要素的变化当然也会对合理估值倍数的标准产生巨大的影响。PEG 也是一样，随着高增长速度和年限、稳定增长率水平、对未来风险水平的预期等因素的变化，合理 PEG 的标准也会随之改变，1 倍 PEG 总体上是对未来 3 年的复合增长率在 20%～30%之间，之后按 5%稳定增长，同时在 12%的贴现率假设下对投资合理价值的经验总结。

最后，PEG 指标的危险性还在于该指标的大量使用往往存在于股市的高涨期，由于 PE 指标已经远远超越了常识中的合理范围，PEG 指标则开始大行其道。此时由各种乐观情绪所影响的对未来增长的幻想与 PEG 指标误用以及本身所造成的增长价值高估之间形成了一种催化关系，将对价值的判断在一个貌似合理的逻辑下引入荒唐高估的地步，此时 PEG 指标已经沦为很多人对股价进行解释的工具，而与判断企业内在价值毫不相关。

重复估值偏差

在估值实践中必须区分两类资产：冗余资产和营运资产。冗余资产是指对企业未来的收益没有贡献的资产，如闲置的土地等，在彼得•林奇的投资原则中称其为隐蔽资产。对于冗余资产必须进行单独估值并将其加回到企业的总价值之中，否则就会造成价值低估。营运资产则正好相反，营运资产的价值已经包含在 PE、DCF 等各种估值方法的结果之中了，如果再将该部分资产的价值加回到企业价值之中，就会形成重复估值。例如，没有人在对长江电力(600900)估值后再对其三峡大坝进行重估，然后合并计算它的整体价值。因为所有的人都知道三峡大坝是长江电力产生 EPS 的基础，大坝的价值已经包含在正常的估值结果之中了。

但在一些情况下，营运资产的特征并不像上例中那么一目了然。例如百货公司所拥有的房产。无论从美国的西尔斯百货还是到外资控股的百盛集团(3368.HK)，百货企业通常都会拥有部分商业地产。由于历史沿革的原因，这种现象在本土百货企业中更为普遍，而且抛开历史已经形成的存量物业不说，百货企业对收购新的物业似乎也是乐此不疲。2007~2008 年，王府井(600859)斥资 13 亿元用于收购物业，而“收购优质商业物业”已经成为公司未来发展的重要战略；百盛则在 2008 年收购了鞍山百盛物业、北京双全大厦物业，以及通过收购少数股权的方式完全持有了西安长安百盛的物业。还有一些百货企业如开元控股(000516)甚至更是通过涉足商业地产的建设而实质上进入房地产开发领域。

从经营的角度来看，收购商业地产对于百货企业的影响相当复杂，一方面，作为百货经营一项至关重要的商业资源，谁拥有了优质的商业地产，谁就可以将其他竞争者排除在外，持有商业地产还将大大巩固公司的资产负债表，使潜在的收购者望而却步，最后持有物业也会降低未来经营的现金支出压力，使企业从容应对经济波动。但与此同时，收购也意味着大量的现金支付，消耗了支撑企业扩张或者可能回报股东的现金资源，降低了管理层的经营压力。但不管对企业的影响到底如何，收购商业地产对管理层来说基本上都有益无害，这或许也正是地产收购颇为流行的重要原因。不过，在现今这个地产价格迅速膨胀的年代，资本市场似乎对此也颇为青睐。

在房价飙升的大背景下，商业地产重估在资本市场的诸多概念中颇为流行，而由于国内传统的百货企业都拥有商业物业，且该物业一般都位于各个城市的黄金地段，所以商业地产重估在百货企业的估值中就更为流行。在这种观点下，一个百货企业的价值应该由两部分组成，一部分是其百货业态的价值，一般用企业未来的 EPS 和估计 PE 的乘积来衡量；而另一部分为企业所拥有物业的价值，一般用该物业的市场价值减去净负债来衡量，后者被称为物业的重估价值。

从投资的角度看这种逻辑似乎非常合情合理，一个持有商业物业的百货企业，本质上就相当于一定比例的不动产和百货的投资组合，组合的价值当然就等于各分部价值之和。即便如前所述，持有物业将降低企业未来可能的成长性和运营效率，但这些也仅仅影响百货部分的合理 PE 水平，上述估值逻辑本质上并不存在严重偏差。从现金流的角度来看也是如此，无论持有物业对于百货经营来说是否合理，一个确凿的事实是，已经拥有物业的百货企业在未来将拥有更大和更稳定的现金流。因此即便从现金流贴现的角度讲，拥有物业的百货企业也应该具有更高的估值。

所有这些毫无疑问都是正确的。但问题在于，这个高出的估值部分是否就应该是商业物业当前的市场价值，以及拥有物业的百货企业是否应该和没有物业的百货企业具有同一水平的 PE 估值。实际上，商业地产对于百货公司 EPS 的重要性一点也不比三峡大坝对长江电力 EPS 的重要性更差，没有这部分资源，百货公司的经营就无法为继，至少不能产生现有的收益水平，它并不属于真正意义上的冗余资产。因此，我们可以设想一种情景，百货公司对现有的地产进行出售以获取这部分商业地产的价值，如果还要保持现有的经营活动，它就必须对上述资产进行回租，此时原本发生的折旧费用就将被租赁费所替代，一般来说，折旧费和租赁费并不会相同。所以企业的 EPS 绩效肯定会发生相应的变化。

案例：王府井(600859)商业地产重复估值误差

按照王府井(600859)的公告，截止到 2008 年底，公司共有 17 家门店，约 78.69 万平米，其中 12 家门店的营业用房为租赁物业，约 48.99 万平米，占总经营面积的 62.26%，剩余的经营面积为自有物业，约 24.70 万平米。公司并没有披露当年的租赁支出，这在 A 股百货类上市公司中几乎无一例外，依据其现金流量表中的租金支出扣除当年预付长沙王府井百货的租金 1.37 亿元，初步估算其 2008 年的租金支出约 2 亿元，由此测算其租金水平约在每年 410 元 / 平米左右。公司当期发生的房屋及建筑物的折旧费用以及土地使用权的摊销费用，约 3797 万元，该数据也无法从年报中直接获得，因此采用相关资产累积折旧以及累积摊销的当年增加值剔除收购物业造成的影响作为估计，约为每年 154 元 / 平米。因此王府井如果要将现有物业出售变现，那么其营业成本将会增加 6000 万以上，按 25%的所得税计算，公司的 EPS 将下降 14% 左右。

由于信息披露问题，上述测算只能是一种理论上的估算，租金及折旧的数据很可能与实际发生值存在较大差异，例如按照新世界百货(0852.HK)的年报测算，其租金水平就在每年720元/平米左右。如果企业因为收购物业而大量负债，财务费用对EPS的影响又将使上述分析更为复杂。因此简单地将百货企业现有EPS按照行业PE进行估值，然后加上其物业价值的估值方式存在一定程度的重复估值误差，这种误差将因企业自有物业与租赁物业的比例不同而有所差异，自有物业越多，则误差越大。另外物业的价值也不可能完全归股东所有，所得税及少数股东的因素将使其对股权价值的贡献大打折扣。

上述重复误差的一个重要的原因就在于商业地产并不是百货企业必须持有的生产资源，它既可以自有，也可以租赁，两种方式在绝大多数百货企业中都同时存在，只是比例不同。因此自有地产往往被认为可以单独存在，并具有独立的价值、较好的流动性、唾手可得的市价参考以及不菲的价值更对这种独立概念起到了强化作用。

如果将百货企业按照完全租赁的模式进行调整并按PE进行估值，同时将其拥有的商业地产视为企业的投资性房地产按照市值估值，这仍然有可能高估企业的价值。因为对于绝大多数百货企业的绝大多数商业地产来说，出售都仅仅是一种理论可能。持有地产对百货企业的实际价值仅仅表现为对租金的节省，所以即便市场价格已经远远大于节省租金所能带来的收益，但由于现实中并不存在出售的可能，对于特定的百货企业，它对投资者的价值远没有地产的市场价值所表现的那么多。

一般来说，重复估值会对内在价值的合理估计造成重大影响，判断收益与资产的匹配关系是避免此类错误的关键。所以不能对同一资产既以收益为基础进行估值，又以资产为基础进行估值，二者只能选择其一。

案例索引

案例:万科(000002)的基本面投资分析 …… 4
案例:锦龙股份(000712)的资本腾挪 …… 8
案例:华能国际(600011)三地信息披露差异 …… 14
案例:2002~2007 年累计涉及行业杂家冠军——金果实业(000722) …… 16
案例:A 股涉房公司约 1/5 …… 17
案例:四川长虹(600839)的收益泡影 …… 29
案例:长寿公司和短寿公司 …… 32
案例:峨眉山(000888)的资本支出黑洞 …… 41
案例:中卫国脉(600640)和华北高速(000916)的超额现金 …… 45
案例:向白酒股要红利 …… 47
案例:双汇发展(000895)的发展观 …… 48
案例:风帆股份(600482)的存货惊魂 …… 50
案例:宇通客车(600066)的诡异现金流 …… 52
案例:苏宁电器(002024)的现金流虚火 …… 54
案例:王府井(600859)的现金流异化 …… 56
案例:平煤天安(601666)的 IPO(首次公开募股)资产分析 …… 65
案例:钢铁行业的 EV/IC(企业价值/投资资本)指标 …… 67
案例:券商类上市公司的资产结构及估值影响 …… 69
案例:南京高科(600064)的可供出售金融资产 …… 71
案例:A 股上市公司每股现金与股价的比例 …… 72
案例:A 股公司商标权掺水大观 …… 75
案例:国药科技(600421)的其他应收款 …… 77
案例:赛迪传媒(000504)的商誉减值 …… 80
案例:长江电力(600900)的最低 PB …… 82
案例:递延所得税资产示范 …… 83
案例:中国远洋(601919)的递延所得税资产 …… 84
案例:冠城大通(600067)的杠杆化 ROE …… 87
案例:华侨城(000069)的利息保障倍数 …… 91
案例:南方航空(600029)的经营性租赁 …… 93
案例:BestBuy 对 ROIC 指标的经营性租赁调整 …… 95
案例:苏宁电器(002024)的 BestBuy 式 ROIC …… 97

案例:中国国航(601111)的 EBITDAR 指标 …………………………… 98
案例:A 股公司的利润绝唱 …………………………………………… 104
案例:A 股公司 EPS 的稳定性分析 ………………………………… 106
案例:房地产公司的收益波动 ……………………………………… 108
案例:A 股公司 EPS 增长率的稳定性分析 ………………………… 109
案例:A 股公司平均 EPS 的稳定性分析 …………………………… 112
案例:南方航空(600029)起飞尚待时日 …………………………… 116
案例:A 股公司的高增长与低回报特征 …………………………… 118
案例:江中制药(600750)的高增长悬疑 …………………………… 121
案例:长城开发(000021)的运气型增长 …………………………… 126
案例:福建高速(600033)的释放型增长 …………………………… 128
案例:万科(000002)的环境型增长 ………………………………… 130
案例:盐湖钾肥(000792)的环境型增长 …………………………… 131
案例:保利地产(600048)的融资型增长 …………………………… 133
案例:万科(000002)可转债融资对原股东价值的影响 …………… 135
案例:苏宁电器(002024)的内涵型增长 …………………………… 136
案例:七匹狼(002029)的广告费 …………………………………… 143
案例:津劝业(600821)的固定资产减值损失 ……………………… 145
案例:四维控股(600145)的存货减值 ……………………………… 146
案例:新都酒店(000033)的营业外收入 …………………………… 147
案例:长江电力(600900)营业内的营业外收入 …………………… 147
案例:长春经开(600215)的营业外收入 …………………………… 148
案例:信雅达(600571)的所得税率 ………………………………… 149
案例:金融街(000402)投资性房地产的公允价值计量模式 ……… 151
案例:A 股路桥类公司的折旧差异 ………………………………… 154
案例:A、H 股百货业收入确认差异 ……………………………… 155
案例:广电信息(600637)的资不抵债子公司 ……………………… 158
案例:南京中商(600280)的资不抵债子公司 ……………………… 159
案例:房地产行业的利息资本化比较 ……………………………… 160
案例:南京高科(600064)可供出售金融资产造成的回报率失真 …… 163
案例:在建工程引起的回报率失真 ………………………………… 164
案例:华电国际(600027)的 ROE 失真 …………………………… 165
案例:超额现金造成的回报率失真 ………………………………… 166
案例:ROE 分解,美邦服饰(002269)PK 七匹狼(002029) ……… 168

案例:房地产行业的存货周转率 …………………………………… 169
案例:IRR 评估偏差 …………………………………………………… 173
案例:块状资产的低 PE 特征 ………………………………………… 185
案例:市场估值与用友软件(600588)收购估值之间的差异 ………… 189
案例:中金黄金(600489)的 EV/储量估值法 ……………………… 192
案例:房地产行业的 NAV 法估值偏差 ……………………………… 194
案例:长江电力(600900)的 EV/装机容量估值 …………………… 195
案例:海螺水泥(600585)的重置成本估值法 ……………………… 197
案例:股价中的酒价预期 …………………………………………… 199
案例:大连友谊(000679)房地产业务 PE 估值误差 ……………… 203
案例:A 股公司少数股东性质差异 ………………………………… 205
案例:借钱分红的 A 股公司 ………………………………………… 207
案例:PEG 指标的系统性误差 ……………………………………… 209
案例:王府井(600859)商业地产重复估值误差 …………………… 212

参考书目

1. ［美］本杰明•格雷厄姆、戴维•多德著，邱巍等译，《证券分析》，海南出版社，2006。

2. ［美］沃伦•巴菲特著，［美］劳伦斯•A•坎宁安编，陈鑫译，《巴菲特致股东的信——股份公司教程》，机械工业出版社，2008。

3. ［美］蒂姆•科勒、［荷］马克•戈德哈特、［美］戴维•威赛尔斯著，高建、魏平、朱晓龙等译，《价值评估——公司价值的衡量与管理（第4版）》，电子工业出版社，2007。

4. ［美］汤姆•科普兰、蒂姆•科勒、杰克•默林著，贾辉然等译，《价值评估——公司价值的衡量与管理(第2版)》，中国大百科全书出版社，1998。

5. ［美］本杰明•格雷厄姆、克宾塞•B•麦勒迪斯著，王玉平译，《上市公司财务报表解读》，华夏出版社，2004。

6. ［美］彼得•林奇、约翰•罗瑟查尔德著，刘建位、徐晓杰译，《彼得•林奇的成功投资》，机械工业出版社，2007。

7. 北京中能兴业投资咨询有限公司著，《价值评估方法与技术》，中国档案出版社，2006。